日本脱出記

大杉栄

土曜社

目次

目次

凡例

一、本書は、『日本脱出記』（アルス、一九二三年）を底本とし、『改造』および『東京日日新聞』掲載の初出によって校訂した。また、『大杉栄全集』第十三巻（現代思潮社、一九六五年）、『自叙伝・日本脱出記』（岩波文庫、一九七一年）を参照した。

一、本文は、現代かなづかい、新字体、現代表記に改め、読みやすくするため、一部の漢字をかな書きにし、最小限に読点を入れた。

一、戦前の出版法による検閲で削除処分された箇所は、伏字を×で示した。

一、今日からみれば不適切な表現もみられるが、発表当時の歴史性を考慮して原文のままとした。

一、（　）内は著者による注であり、〔　〕内は解説者の注記である。

日本脱出記

ヨーロッパまで

一九二三年四月五日、リヨンにて

1

去年〔一九二二年〕の十一月二十日だった。少し仕事に疲れたので、夕飯を食うとすぐ寝床にはいっていると、M〔村木源次郎〕が下から手紙の束を持ってきた。いつものように、地方の同志らしい未知の人からの、幾通かの手紙の中に、珍しく横文字で書いた四角い封筒が一つまじっていた。見ると、かねてから新聞でその名や書いたものは知っている、フランスの同志コロメルからだ。なにをいってきたのだろうと思って、ちょっとその封筒をすかして見たが、薄い一枚の紙を四つ折にしたくらいの手触りのものだ。もう長い間の習慣になっているように、それがどこかで開封されているかどうか、まず調べてみたが、それらしい形跡は別になかった。ただ附箋が三、四枚はってあったが、それは鎌倉に宛てて書いてあったので、そこから逗子にまわり、さらにまた東京にまわってきたしるしにすぎなかった。そんなにあちこちとまわってきながら、よく開封されなかったものだと思いながら、とにかく開けて見た。ほんのただ一〇行ばかり、タイプで打ってある。

それを読むと、急に僕の心は踊りあがった。一月の末から二月のはじめにかけて、ベルリンで国際無政府主義大会を開くことになったが、ぜひやってこないか、という、その準備委員コロメルの招待状なのだ。

大会の開かれることは僕はまだちっとも知らなかった。が、ちょうどいい機会だ、行こう、と僕は心の中できめた。そして枕もとの小さな丸テーブルの上から、その日の昼きたまま、まだ封も切ってなかった、イギリスの無政府主義新聞『フリーダム』を取って見た。はたしてそれには大会のことがのっていた。

＊

招待状にもちょっと書いてあったように、九月のなかばに、スイスのサン・ティミエで、最初の国際無政府主義大会といってもいい、いわゆるサン・ティミエ大会の五十年紀念会があった。フランス、ドイツ、イタリア、スイス、ロシア、およびシナの、一五〇名ばかりの同志が集まった。そしてそのサン・ティミエ大会にあずかった一人のマラテスタも、ローマからひそかに国境を脱け出て、そこに出席した。先年彼はこのスイスから追放されているので、そこにはいれば、見つかりしだい捕まる恐れがあったのだ。

紀念会は一種の国際大会のようなものになった。そしてそこで、無政府主義の組織のことや、無政府主義とサンジカリズムの関係のことなぞが問題となって、いろいろ議論のあった末に、フランスの代表者コロメルらの発議で、新たに国際無政府主義同盟を組織しようということになって、急に国際大会を開くことにきまったのであった。

この国際同盟のことは、もうずいぶん古い頃から始終問題になっていて、現に十五、六年前のアムステルダム大会でそれがいったん組織されたのであった。この同盟には、僕ら日本の無政府主義者も、幸徳〔秋水〕を代表にして加わった。そして幸徳は毎月その機関誌に通信を送っていた。しかし元来、無政府主義者には、個人的または小団体的の運動を重んじて、一国的とか国際的とかの組織を軽んずる傾向があり、国際大会を開くにしても、その選定した土地の政府がそれを許さなかったり、また、各国の同志がそれに参加しようと思っても、政府の迫害や経済上の不如意なぞのいろんな邪魔があったりして、わずか一、二年の間にこの同盟も立ち消えになってしまった。最近満足に開かれた大会は、前に言ったアムステルダム大会一つくらいのもので、ずいぶん久しぶりに開かれた一昨年の暮れのベルリン大会なぞも、長い間の運動の経験を持った名のある同志はほとんど一人も見ることができなかったほどの、よほど不完全なものであったらしい。

しかし時はもう迫ってきた。ことに、ロシアの革命が与えた教訓は、各国の無政府主義者に非常な刺激となって、今までのような怠慢を許さなくなった。

＊

『フリーダム』のこの記事を読んでいる間に、K〔近藤憲二〕がその勤め先〔アルス〕から帰ってきた。

「おい、こんな手紙がきたんだがね。」

といって、僕はコロメルからの手紙の内容と大会の性質とをざっと話した。

「そりゃぜひ行くんですね。」

K〔近藤〕もだいぶ興奮しながらいった。

「僕もそうは思っているんだがね。問題はまずなによりも金なんだ。」

「どのくらい要るんです。」

「さあ、ちょっと見当はつかないがね。最低のところで千円あれば、とにかく向こうへ行って、まだ二、三カ月の滞在費は残ろうと思うんだ。」

「そのくらいならなんとかなるでしょう。あとはまたあとのことにして。」

「僕もそうきめているんだ。で、あした一日金策にまわってみて、そのうえではっきりきめようと思うんだ。」

「旅行券は？」

「そんなものは要らないよ。もう、とうの昔に、うまくごまかして行く方法をちゃんと研究してあるんだから。ただその方法を講ずるのにちょっとひまがかかるから、あしたじゅうにきめないと、大会に間に合いそうもないんだ。」

K〔近藤〕はこの二つの条件を聞いて、すっかり安心したらしかった。そして下へ降りて行った。

しかし僕にはまだ、そうやすやすと安心はできなかった。実はその借金の当てがほとんどなかったのだ。借りれる本屋からは、もう借りれるだけ、というよりもそれ以上に借りている。そして、約束の原稿は、まだほとんどどこへもなんにも渡してない。それに、もしまだ借りれるとしても、いやどうしても借りなければならんのだが、それは留守中の社〔労働運動社〕や家族の費用に当てなければならない。ほかに二、三人多少金を持っている友人はあるが、それもほんの少々の金であればときどきもらったこともあるが、少しまとまった金はくれるかどうか分からない。それにこの頃はずいぶん景気が悪いんだから。

そんなことをそれからそれへと、いろいろと寝床の中で考えてみたが、要するに考えてきまることではない。あした早く起きて、あちこち当たってみることだ、そうきめて、僕は頭と目とを疲らせる眠り薬の、一週間ほど前から読みかけている『其角《きかく》研究』を読みはじめた。

翌日は尾行をまいて歩きまわった。はたして思うようにいかない。夕方になって、うんざりして帰りかけたが、ふと一人の友人〔有島武郎〕のことを思い浮んで、そこへ電話をかけてみた。そして、最後のかすかな希望のそこで、案外世話なく話がついた。

＊

それでもうことはきまった。

その翌日は、九州の郷里に帰っている女房と子供とを呼びよせに、M〔村木〕を使いにやった。関西支局のW〔和田久太郎〕も女房や子供と前後して上京した。

準備はなんにも要らない。ただ小さなスーツケース一つ持って出かければいいのだ。が、その前に、正月号の雑誌に約束した原稿と、やはり正月に出すはずのある単行本とを書いてしまわなければならない。そんなことでぐずぐずしている間に、もう暮れ近いことだ、ようやくもらってきた金が半分ばかりに減ってしまった。そして、それをまたようやくのことで借り埋めて、十二月十一日の晩ひそかに家を脱け出た。

2

家を脱け出ることにはもう馴れきっている。しかしそれも、尾行をまいて出ることがすぐ知れていい時と、当分の間知れては困る時とがある。前の場合だとなんでもないが、後の場合だとちょっと厄介だ。

去年の夏、日本から追放されたロシア人のコズロフが、その前年ひそかに葉山の家から僕の鎌倉の家に逃げてきて、そしてそこからさらに神戸へ逃げて行ったときには、そのあとで僕は三日ばかりときどき大きな声で一人で英語で話していた。が、二、三日ならそんなことでもしてなんとかごまかしていけるが、一週間も十日もごまかそうとなるとちょっと困る。

一昨々年〔一九二〇年〕の十月、僕はひそかに上海へ行った。そのときには、上海に着いてしまうまでは、僕が家を出たことをその筋に知らせたくなかった。で、夜遅く家を出たのであったが、その翌日から僕は病気で寝ているということになった。しかしたいして広い家でもなし、それに往来から十分のぞかれる家でもあったので、尾行どもはすぐ疑いだした。そして四つになる女の子をつかまえて、幾度もききただしてみた。そしてその後、その尾行の一人が僕にこんな話をした。

「魔子ちゃんにはとてもかないませんよ。パパさんいる？　と聞くと、うんというんでしょう。でもおかしいと思って、こんどはパパさんいないの？　と聞くと、やっぱりうんというんです。おやと思いながら、またパパさんいる？　と聞くと、やっぱりまたうんというんです。そしてこんどは、パパさんいないの？　いるの？　と聞くと、うんうんと二つうなずいて逃げて行ってしまうんです。そんな風でとうとう十日ばかりの間どっちともはっきりしませんでしたよ。」

こんどだって、駒込の家はやはり狭いし、そとから十分のぞかれる。すぐ前のあき地の小さな稲荷さんの小舎《こや》の中にいる尾行どもには、家の中の話し声を聞いているだけでも、いるかいないかはたいてい知れよう。

もっとも、四つの魔子は六つになった。それだけ利口にもなっているはずだ。そして女房は、子供をだますのはかわいそうだからといって、よく言い聞かして、尾行の口車に乗らせないようにしようと主張した。しかし僕は利口になっているだけそれだけ安心ができないと思った。

そして僕が出る日の朝、M〔村木〕に連れさして、同志のL〔不明〕の家へ遊びにやった。そこには魔子より一つ二つ下のやはり女の子がいた。

「こんどは魔子の好きなだけいくつ泊まってきてもいいんだがね。いくつ泊まる？　二つ？　三つ？」

僕は子供の頭をなでながらいった。その前に二つ泊まった翌朝僕が迎いに行って、彼女がだいぶ不平だったことがあったのだ。そしてこんどもやはり、「二つ？　三つ？」といわれたのに彼女は不平だったものと見えて、ただにこにこしながら黙っていた。

「じゃ、四つ？　五つ？」

僕は重ねて聞いた。やはりにこにこしながら、首をふって、

「もっと。」

といった。

「もっと？　それじゃいくつ？」

僕が驚いたふりをして尋ねると、彼女は左の掌《てのひら》の上に右の手の中指を三本置いて、

「八つ。」

と言い切った。

「そう、そんなに長い間?」

僕は彼女を抱きあげてその顔にキスした。そして、

「でも、いやになったら、いつでもいいからお帰り。」

と付け加えて彼女を離してやった。彼女は踊るようにして、M〔村木〕といっしょに出かけて行った。

彼女はその一カ月前に、その母が半年ばかりの予定で郷里に帰ったときにも、どうしてもいっしょに行くことを承知しないで、社の二階に僕と二人きりで残っていたほどの、パパっ子なのだ。そして今でもまだ僕は、ときどき彼女を思い出しては、なぜいっしょに連れてこなかったのだろうなぞと、理性の少しも許さない後悔をしている。

子供のことはそれできまった。あとは僕の顔がちょっとも見えないことの口実だ。それは、こんどもまた、病気ということにした。そして多少それを本当らしく見せるために、毎朝氷を一斤ずつ買うことにした。

「それも尾行を使いにやるんですね。」

そんなことにはごく如才のないM〔村木〕がそう発案して、一人でにこにこしていた。

＊

家からつい近所までK〔近藤〕がいっしょにきて、そこから僕は自動車で市内のある駅近くまで駈けつけた。そしてその辺で小さなトランク一つとちょっとした買いものをして、急いで駅の中へはいって行った。もう発車時刻の間際だったのだ。

僕はプラットホームを見まわした。が、僕の荷物のふろしき包みを持ってきているはずの、W〔和田久太郎〕の姿が見えなかった。待合室の中にでもはいっているのだろうと思って、その方へ行こうとすると、中からだれか出てきた。姿は違うが、その歩きかたは確かにW〔和田〕だ。その旧式のビロードの服が、人夫か土方の帳つけというように見せるので、よくそういってからかわれているのだが、どこから借りてきたのか、きょうは黒い長いマントなぞを着こんで、やはり黒のソフトの前の方を上に折りまげたのをかぶって、足駄をカラカラ鳴らしてやってくるところは、どう見ても立派な不良少年だ。

僕はW〔和田〕から荷物を受け取ってもう発車しようとしている列車に飛び乗った。列車は走りだした。W〔和田〕は手をあげた。僕も手をあげてそれに応じた。これが日本での同志との最後の別れなのだ。

前の上海行き〔一九二〇年〕のときには、R〔桑原錬太郎〕がこの役目を勤めてくれた。偶然その日に鎌倉へ遊びにきたのだったが、行く先はいわずにただちょっと行方不明になるんだから手伝ってくれと頼んで、トランクを一つ持ってもらって、一里ばかりある大船の停車場までいっしょに行った。もう夜更けだったが、ちょいちょい人通りはあった。そして家を出るときになんだか見つかったような気がしたので、後ろからくるあかりはみな追手のように思われて、二人ともずいぶんびくびくしながら行った。ことに一度、建長寺と円覚寺との間ごろで後ろからあかりをつけない自動車が走ってきて、やがてまたそれらしい自動車が戻ってきたときなどは、こんどこそ捕まるものとまじめに覚悟していた。

それがなんでもなく通りすぎたとき、僕はR〔桑原〕に僕の本当の目的を話してないことがたまらなく済まなかった。そして幾度もそれをいおうとして、口まで出てくるのをようやくのことでとめた。彼は決して信用のできない同志ではなかった。しかしまだ僕らの仲間にはいってから日も浅かった。そしてごく狭い意味での僕らの団体とは直接になんの関係もなかった。

そして僕は無事に大船から下りの列車に、彼は上りの列車に乗った。これはあとでK〔近藤から聞いたことだが、R〔桑原〕はそのときのことをだれにも話さず、またK〔近藤〕にもその他のだれにもかつて僕の行方を尋ねることがなかったそうだ。僕は今でもまだ、彼の顔を見るたびに、ひそかに当時のことを彼にわび、そして感謝している。

W〔和田〕の姿が見えなくなるとすぐ、僕はボーイに顔を見られないように外套の襟を高く立てて、車内にはいって寝台の中にもぐりこんだ。僕はまだ僕の顔の一番の特徴の、鬚をそり落としていなかったのだ。そしてひと寝入りした夜中に、そっと起きて、洗面場へ行って上下《うえした》ともきれいに鬚をそってしまった。そしてW〔和田〕が持ってきてくれたふろしき包みの荷物を、トランクの中に入れかえた。荷物といっても、途中の船の中でやる予定の、仕事の材料と原稿紙とだけなのだ。そしてまたひと寝入りした。

移動警察の成績がたいへんいいので、十五日からその人数を今までの幾倍とかにするという新聞の記事が出たばかりのときだ。その成績のいい一つの例に挙げられてはたいへんだ。が、それらしい顔もついに見ないで、翌朝無事に神戸に着いた。

神戸は、実は僕にとっては、大きな鬼門なのだ。先にコズロフの追放されるのを送りにきたとき、警察本部の外事課や特別高等課に顔を出しているので、多勢《おおぜい》のスパイどもによく顔を見知られているはずだ。そこから船に乗るのはずいぶん剣呑だとも思ったが、しかしそれよりもっと剣呑な横浜からよりは、安全だと思った。横浜の警官でほとんど僕の顔を知らないものはないくらいなのだ。長年鎌倉や逗子にいた間に、代わる代わるいろんな奴が尾行にきている。改札口を出ようとすると、どこの停車場にもたいてい一人二人はいるのだが、怪しい目つきの男が一人見はっている。そして僕が通りすぎたあとですぐ、改札の男の方へ走り寄ったような気配がした。僕はすぐ車に乗って、いい加減のところまで走らせて、それからさらに車をかえて、あるホテルまで行った。

あした出るはずで、その切符を買ってきてある、ある船は、あさっての出帆に延びていた。しかたなしに、その日と翌日の二日は、ホテルの一室に引っこんで、近く共訳で出すある本（ファーブル『自然科学の話』）の原稿を直して暮らした。そしてたった一度、昼飯後の散歩にぶらぶらそとへ出てみたが、道で改造社の二、三人が車に乗って、その晩のアインシュタインの講演のビラをまいて歩いているのにぶつかった。僕は僕の顔がはたして彼らに分かるかどうかと思って、わざとその方へ近づいて行って、車の正面のところでちょっと立ち止まってみた。が、分かるはずはない。かつて僕が入獄する数日前、僕のための送別会があったとき、僕は頭を一分刈りにして顔をきれいにそって、すっかり囚人面になって出かけて行った。そして室の片隅のテーブルに座を占めていたが、僕のすぐ前にきて腰掛けたものでも、すぐにそれを僕と気のついたものはなかったくらいだ。

船の中に四、五人の私服がはいりこんで、あちこちとうろうろしたり、僕が乗った二等の喫煙室に坐りこんだりしていた。ずいぶん気味は悪い。しかしまたそれを冷やかすのもちょっとおもしろい。船の出るまでキャビンの中に閉じこもっているのも癪だし、僕はよほどの自信をもって、喫煙室とデッキの間をぶらぶらしていた。そして一度は、私服らしい三、四人のもののほかはだれもはいっていなかった喫煙室に行って、彼らの横顔をながめながら煙草をふかしていた。

船は門司を通過して長崎に着いた。そこでもやはり、二人の制服と四、五人の私服とがはいってきた。そして乗客の日本人を一人一人つかまえてなにか調べはじめた。日本人といっても、船はイギリスの船なのだから、二等には僕ともで四人しかいないのだ。僕の番はすぐにきた。が、それはむしろあっけないくらいに無事にすぎた。そして彼らは一人のフィリピンの学生をつかまえてなにやかやとひっつこく尋ねていた。

上海に着いた、そこの税関の出口にも、やはり私服らしいのが二人見はっていた。警視庁から四人とか五人とか出張してきているそうだから、たぶんそれなのだろう。

僕は税関を出るとすぐ、馬車を呼んで走らした。そしてしばらく行ってから角々で二、三度あとをふり返ってみたが、あとをつけてくるらしいものはなんにもなかった。

3

最初、僕はこの上海に上陸することが一番難関だと思っていた。そしてたぶんここで捕まるものとまず覚悟して、捕まったうえでの逃げ道までもそっと考えていたのだった。それが、こうしてなんのこともなくコトコトと馬車を走らしているとなると、少々張り合いぬけの感じがしないでもない。

「フランス租界へ。」

御者にはただこういっただけなのだが、上海の銀座通り大馬路を通りぬけて、二大歓楽場の新世界の角から大世界の方へ、馬車は先年はじめてここにきたときと同じ道を走っていく。

僕はここで、もう幾度も洩らしてきたこの先年の旅のことを、少し詳しく思い出すことを許してもらいたい。

＊

〔一九二〇年〕八月の末ごろだった。〔上海の〕朝鮮仮政府〔大韓民国臨時政府〕の首要《じゅよう》の地位にいる一青年M〔李増林または李春熟〕が、鎌倉の僕の家にふいと訪ねてきた。要件は、要するに、近く上海で、××××××、××、××××××××××を開きたいのだが、そして今はただ日本の参加を待っているだけなのだが、それに出席してくれないかというのだ。

僕らはかつて、×××××××、×××××、××、×××××、××、×××××××××××××××××、××××××というもの〔亜洲和親会〕を組織したことがあった。が、その組織後まもなく、例の赤旗事件のために、僕ら日本の同志の大部分が投獄され、そしてそれと同時に和親会の諸同志の上にも厳重な監視が加えられて、会員のほとんど全部は日本にとどまることができなくなってしまった。その次に起こったのが例の大逆事件だ。そしてそれ以来僕らは、ずいぶん長い間、僕ら自身の運動はもとより、諸外国の同志との交通もまったく不可能にされてしまった。

それが今、この朝鮮の同志がもたらしてきた×××××の提案によって、こんどは社会主義というもっと狭い範囲で再び復活されようとするのだ。僕は喜んですぐさまそれを応ずるのほかはなかった。

が、それと同時に、というよりも、それよりももっとという方が本当かも知れない。僕をして進んでそれに応じさせた、ある特殊の原因があった。それは、M〔李〕がすでにそれを堺〔利彦〕や山川〔均〕と相談して、そして二人から体よくそれを拒絶されたということであった。

M〔李〕を密使として送った上海の同志らは、最初、××××××××××××××××××××。そしてM〔李〕はまずひそかに堺と会ってそれを謀った。しかし、まだ組織中でもあり、またごく雑駁《ざっぱく》な分子を含んでいる社会主義同盟が、すぐさまそれに加わるということはもちろん、創立委員会でそれを相談するということですらも、とうてい不可能だった。第一にはまず、ことが非常な秘密を保たれなければならなかった。そして第二には、××××××××××××××××××××××××××の主なる人たちがそれを助けているということは、いろんな異論とともに非常な危険をも伴わなければならなかった。

そこでM〔李〕はさらに個人としての加盟を堺と山川とに申し込んだ。が、二人とも、たいして理由にならない理由で、それを拒絶した。そしてさらにまた、だれかほかに出席することのできそうな人の推選を頼んだが、そしてその中には僕の名もあったのだそうだが、二人はそれもとうていあるまいといって拒絶した。M〔李〕はしかたなしに、それでは、せめてその会議に賛成するというなにか書いたものを土産にして持って帰りたいと頼んだが、それも体よく拒絶された。

そしてM〔李〕はほとんど絶望の末に僕のところへきたのだ。僕は堺や山川がM〔李〕をどこまで信用していいのか悪いのか分からないという腹を持っていたことはよく分かった。僕にもその腹はあったのだ。よしM〔李〕がだれからどんな信任状や紹介状を持ってきたところで、外国の同志との連絡のなかった僕らには、その信任状や紹介状そのものがすでに信用されないのだ。しかし一、二時間と話ししているうちに、M〔李〕が本物かどうかぐらいのことは分かる。そして本物とさえ分かれば、その持ってきた話しに、多少は乗ってもいいわけだ。ことに堺や山川は、当時すでに、ほとんど、あるいはまったくといってもよかったかも知れない、共産主義に傾いていたのだ。

が、堺や山川の腹の中には、それよりももっと大きな、あるものがあったのだ。それは危険の感じだ。××××××××××××、ということには、まかり間違うと内乱罪にひっかけられる恐れがある。これはその当時僕らがみんな持っていた恐怖だ。そしてこの恐怖が、堺や山川をして、上海の同志らの提案にまるで乗らせなかった一番の原因なのだ。

M〔李〕もそのことは十分に知っていたようだった。そしてその使命を果たすことのできない絶望とともに、日本のいわゆる××××××××××らしいかの絶望をもひそかに持っているようだった。彼自身も、見つかればすぐ捕まる、そして幾年の間か分からない入獄の危険をおかしてやってきたのだ。そして日本のいわゆる同志はだれ一人その話に見向いてもくれないのだ。そしてM〔李〕はその会議の計画を僕に話するのにも、最初から僕に正面から加盟を求めるというよりも、むしろごく臆病に、まるで義理の悪い借金にでもきたかのようなおずおずした態度で、まず僕の腹をさぐって見るような話しぶりであった。そして僕がそのまわりくどい長い話を黙って一応聞いたうえで、「よし行こう」と一言いったときには、彼はむしろ自分の耳を疑っているかのようにすら見えた。

＊

実は、この上海行きのことは、その二年ほど前にも僕に計画があったのだった。僕は、日本での運動の困難を感ずるたびに、この上海を考えないことはできなかった。シナの同志との連絡を新しくすることを思わないわけにはいかなかった。そして僕は、いよいよそれを実行する間際になったある日、山川と荒畑〔寒村〕とにその計画を洩らした。堺にも山川を通じて、その席に出てくれるよう頼んだのだが、堺はそれに応じなかった。堺と僕との間にはその少し以前からある個人的確執があったのだ。山川と荒畑とはただ僕のいうことだけをごく冷淡に聞いてくれただけだった。二人とも、やはりその少し以前から、僕とはだいぶ冷淡な仲になっていたのだ。もっとも、僕のこの計画は中途で失敗して、まだ日本を去らない前に再び東京に帰ってくることを余儀なくされたにすぎなかった。

*

社会主義同盟は、いろんな一般的の目的を持っていたと同時に、十数年以前からのこれらの親しかった旧い同志らの確執や冷淡を和らげるという、特殊の一目的をも持っていた。が、それは無駄だった。僕らの間には、いろんな感情の行き違いの上に、さらに思想上の差違がだんだん深くなっていたのだ。そして堺や山川はＭ〔李〕のことを僕に話さず、僕もまた二人にそのことは話さなかった。Ｍ〔李〕が鼻であしらわれたように、僕も鼻であしらわれるだろうことをも恐れたのだ。そしてもし事がうまく運べば、帰ってきてから彼らに相談しても遅くないと思った。

*

約束の十月になった。僕はひそかに家を出た。そのときのことは前に言った。

上海へ着いたときには、あらかじめ電報を打っておいたのだから、だれか迎いにきていると思った。が、だれもきていない。しかたなしに僕は、税関の前でしばらくうろうろしている間にしきりに勧められる馬車の中に、腰をおろした。

馬車は、まだ見たことはないがまったくヨーロッパの街らしいところや、話に聞いているシナの街らしいところや、とにかくどこもかも人間で埋まっているようないろんな街を通って、目的のなんとか路《ろ》なんとか里《り》というのに着いた。僕はこのなんとか路なんとか里という町名だけシナ語で覚えてきたのだ。

尋ねるはずの家は二軒あった。同じなんとか里の中の、たとえば、一〇番と一五番とだ。最初は一〇番の方へ行った。そこにM〔李〕が住んでいるはずなのだ。が、そんな人間はいないという。で、もう一軒の、そこに×××があるはずなのだ、一五番の方へ行ったが、そこでもそんな人間はいないという。また一〇番へ行った。返事はやはり同じことだ。そこでまた一五番へ行った。が、返事はやはり同じことだ。そして、こうして尋ねまわるたびごとに、出てくる男の語気はますます荒くなり、態度もますます荒くなるのだ。しかし、御者となにごとかシナ語で言い争っているようなそれらの男が朝鮮人であることだけは確かだ。僕は、こんどはなんといわれても、そこに坐りこむつもりで、また一〇番へ行った。

一〇番では、はじめて戸を開けてくれて、中へはいれた。僕は僕の名とM〔李〕の名とを書いて、四、五人で僕を取りかこんでいる朝鮮人にそれを渡した。すると、その一人が二階へ上って行って、しばらくしてもう一人の朝鮮人といっしょに降りてきた。見ると、それは船の中で、日本人だといいまたそれで通ってきた、そして僕がかなり注意してきた男だ。

「やぁ君か。君なら僕は船の中で知っている。」

僕ははじめて日本語で、馴れ馴れしく彼に言葉をかけた。こうした調子で、彼はいつもデッキで、ほかの日本人と話ししていたのだ。もっとも僕は彼と話しをすることはことさらに避けてはいたが。しかしもうこの家にいるとなれば、僕の予感も当たったのだし、なんの遠慮することもなくなったのだ。

しかし彼は、船の中での日本人に対するその馴れ馴れしさを見せるどころでなく、反対に僕の方からのこの馴れ馴れしさをまずその態度で斥けてしまった。そして僕が腰かけている前に突っ立ったまま、僕の言葉なぞに頓着なく、まるで裁判官のような調子で僕を訊問しはじめた。

「君はどうしてM〔李〕を知っているんです。」

僕は、はあはじまったな、と思いながら、机の上に頬杖をついて煙草をふかしながら、ありのままに答えた。こうしている間に、きっとまだ電報を受け取っていないM〔李〕が、どこかからそっと僕をのぞいてでもいるんじゃないかと思いながら。

しかし訊問はなかなか長かった。そして裁判官の調子もちっとも和らいではこなかった。そこへ、ふいと表の戸が開いて、M〔李〕がはいってきた。そしてあわてて僕の手を握って、ポカンとしているみんなになにか言いおいて、僕を二階へ連れて行った。

4

「いや、どうも失礼。実は、日本人でここへはいってきたのはあなたがはじめてなんですよ。それに、あなたがくるということは僕とL〔李東輝・大韓民国臨時政府国務総理〕とのほかにはだれも知らないんだし、僕もまだあなたからの電報は受け取ってなかったんですよ。」

M〔李〕は、さっきの裁判官ほどではないが、かなりうまい日本語で、弁解しはじめた。で、怪しい日本人がはいってきたというので、この朝鮮人町では大騒ぎになったのだそうだ。そして、まず僕を一〇番の家へ入れたあとで、御者に聞いてみると、日本の領事館の前からきたというので、(実際また税関の前はすぐ領事館なのだが) ますます僕は怪しい人間になって、一応調べてみたうえで、もしいよいよ怪しいときまれば殺されるかどうかするところだったそうだ。それにまた、どうしたものか、M〔李〕の名の書きかたを僕は間違えていた。二字名の偽名を二つ教わっていたのを、甲の方の一字と乙の方の一字とを組み合わせたので、それがM〔李〕

の本当の、しかもあまり人の知らない号になった。犯罪学のうえではよく出てくる話だが、偽名にはたいていこうしたごく近い本当のなにかの名の連想作用があるものなのだ。で、M〔李〕はその日本人が僕の名をかたって、自分を捕縛しにきた日本の警官だとまずきめた。そしてこへ一人で警官がはいってくるはずはないから、きっともっと多勢どこかに隠れているのだろうと思って、あちこちとあたりを探してみた。が、それらしいものはどこにも見当らない。そして最後に、ようやく、自分でその日本人に会ってみる決心をした。

「なにしろ、顔だの服装だのをいろいろと細かく聞いてみても、ちっともあなたらしくないんですからね。」

M〔李〕は最後にこう付け加えて、そのちっとも僕らしくなくなっているという顔を、今さらのようにまた見つめなおした。

M〔李〕は、L〔李東輝〕のところへ行こうといって、さっきの一五番の家へ案内した。

L〔李東輝〕の室にはもう五、六人つめかけて僕を待っていた。その中で一番年とったそしてからだの大きな、東洋人というよりもむしろフランスの高級の軍人といった風の、口髯をねじりあげてポワンテュの顎鬚を延ばした、一見してこれがあのL〔李東輝〕だなと思われる男に、僕はまず紹介された。はたしてそれが、日本でも有名な、いわゆる×××のL〔李東輝〕だった。

「日本人とこうして膝を交えて話しするのは、これが十幾年目（あるいは二十年目といったかとも覚えている）です。あるいは一生こんなことはないかとも思っていました。」

L〔李東輝〕は一応の挨拶が済むと、M〔李〕の通訳でこういった。L〔李東輝〕は軍人で、朝鮮が日本の保護国となった最初からの××。

＊

こうして僕は一時間ばかりL〔李東輝〕と話ししたあとで、L〔李東輝〕の注意でM〔李〕に案内されてあるホテルへ行った。そこはつい最近までイギリスのラッセルも泊まっていた、シナ人の経営している西洋式の一流のホテルだということだった。

×××の室といっても、ごくお粗末な汚い机一つといくつかの椅子と寝台一つのファニテュアで、敷物もなければカーテンもない、なんの飾りっ気もない貧弱極まるものだった。それに僕がこんなホテルに泊まるのは、少々気も引けたし、金の方の心配もあったので、もっと小さな宿屋へ行こうじゃないかとM〔李〕に言い出た。が、M〔李〕は小さな宿屋では排日で日本人は泊めないからといって、とにかくそこへ連れて行った。実際、道であちこちでM〔李〕に注意されたように、「抵制日貨」という、日本の商品に対するボイコットの張札がいたるところの壁にはりつけられてあった。

そして僕は、それともう一つは日本の警察に対する注意とから、シナ人の名でそのホテルの客となった。

翌日は、ロシア人のT〔ヴォイチンスキー・コミンテルン東アジア書記局責任者〕や、シナ人のC〔陳独秀・翌年に中国共産党初代総書記〕や、朝鮮人のR〔呂運亨・大韓民国臨時政府外務総長〕などの、こんどの会議に参加する六、七人の先生らがやってきた。そしてそれからはほとんど二、三日おきに、C〔陳独秀〕の家で会議を開いた。C〔陳独秀〕は北京大学の教授だったのだが、あることで入獄させられようとして、ひそかに上海に逃げてきて、そこで『新青年』という社会主義雑誌を出していた、シナでの共産主義の権威だった。R〔呂運亨〕はその前年、例の古賀廉造〔拓殖局長官〕の胆入りで日本へやってきて、だいぶ騒がしかった問題になったことのある男だ。

僕は、日本を出るときに、きっと喧嘩をして帰ってくるんだろうと、同志に話していたが、はたしてその会議はいつも僕とT〔ヴォイチンスキー〕との議論で終わった。T〔ヴォイチンスキー〕は、ここで××。シナの同志も朝鮮の同志もそれにはほぼ賛成していたようだった。で、僕がもしそれに賛成すれば、会議はなんのこともなく、すぐ済んでしまうのだった。

しかし僕は、当時日本の社会主義同盟に加わっていた事実の通り、無政府主義者と共産主義者との提携の可能性を信じ、またその必要をも感じていたが、各々の異なった主義者の思想や行動の自由は十分に尊重しなければならないと思っていた。で、無政府主義者としての僕は、極東共産党同盟に加わることもできず、また国際共産党同盟の第三インタナショナル〔コミンテルン〕に加わることもできなかった。そして僕の主張は、××××××××××××××××××××××××××××××××××いうこと以上に出ることはできなかった。

また、そこに集まった各国同志の実情から見ても、朝鮮の同志ははっきりとした共産主義者ではなかった。ただ、単なる独立の不可能とまたその無駄とを感じて、社会主義でもいい、共産主義でもいい、また無政府主義でもいい、××××××××××××××××××××にすぎなかった。シナの同志は、C〔陳独秀〕はすでに思想的にはだいぶはっきりした共産主義者だったがまだ共産党のいわゆる「鉄の規律」の感情には染まっていなかった。そしてみんな、ロシアのT〔ヴォイチンスキー〕の、各国の運動の内部にかんするいろんな細かいおせっかいに、多少の反感を持っていたのだった。

で、この各国諸革命党の運動の自由ということには、朝鮮の同志もシナの同志も僕に賛成した。そうなればもう、××。

＊

この委員会の相談がきまると、T〔ヴォイチンスキー〕は「少し内緒の話があるから二人きりで会いたい」といって、僕を自分の家に誘った。

その話というのは要するに金のことなのだ。運動をするのに金が要るなら出そう、そこで今どんな計画があり、またそのためにどれほど金が要るか、というのだ。僕はさしあたりたいして計画はないが、週刊新聞を一つ出したいと思っている、それには一万円もあれば半年は支えていけよう、そしてそのあとはなんとかして自分らでやっていけよう、と答えた。

その金はすぐもらえることにきまった。が、その後また幾度も会っているうちに、T〔ヴォイチンスキー〕は新聞の内容について例の細かいおせっかいを出しはじめた。僕には、このおせっかいが僕の持って生れた性質の上からも、また僕の主義の上からも、許すことができなかった。そして最後に僕は、前の会議のときにもそんなことならもう相談はよしてすぐ帰るといったように、金などは一文ももらいたくないといった。もともと僕は金をもらいにきたのじゃない。またそんな予想もほとんどまったく持ってこなかった。ただ東洋各国の同志の連絡を謀りにきたのだ。それができさえすれば、各国は各国で勝手に運動をやる。日本は日本で、どこから金がこなくても、今までもすでに自分で自分の運動を続けてきたのだ。これからだって同じことだ。条件がつくような金は一文も欲しくない。僕はそういう意味のことを、それまでお互いに話ししていた英語で、とくに書いて彼に渡した。

T〔ヴォイチンスキー〕はそれで承知した。そしてなお、一般の運動の上で要る金があればいつでも送る、とも約束した。が、いよいよ僕が帰るときには、いま少し都合が悪いからというので、金は二千円しか受け取らなかった。

＊

帰るとすぐ、僕は上海でのこの顛末を、まず堺に話しした。そして堺から山川に話しして、さらに三人でその相談をすることにきめた。そして僕は、近くロシアへ行く約束をしてきたから、週刊新聞ももし彼らの手でやるなら任してもいい、また上海での仕事は共産主義者の彼らの方が都合がいいのだから、彼らの方でやってほしい、と付け加えておいた。が、それには、堺からも山川からも直接の返事はなくて、ある同志を通じて、僕の相談にはほとんど乗らないという返事だった。

で、僕は、以前から一月には雑誌を出そうと約束していた近藤憲二、和田久太郎らのほかに、近藤栄蔵（別名伊井敬）、高津正道らといっしょに、週刊『労働運動』〔第二次〕をはじめた。前の二人は無政府主義者で、後の二人は共産主義者なのだ。近藤栄蔵は、大杉らの無政府主義者とはたしていっしょに仕事をやっていけるか、という注意を堺から受けたそうだが、かえって彼はそれを笑った。僕もいっしょにそれを笑った。

最初から僕は、この新聞はこれらの人たちの協同に、全部を任せるつもりでいた。僕は仕事の目鼻さえつけば、すぐロシアへ出発するはずにしていたのだ。が、その仕事もはじめないうちに、僕は病気になった。ずいぶん長い間そのために苦しんで、そしてしばらく落ちついていたと思った肺が、急にまた悪くなったのだ。医者からは絶対安静を命ぜられた。で、新聞の準備もほとんどみんなに任せきりにしている間に、こんどはチブスという難病に襲われた。

僕の病気は上海の委員会との連絡をまったく絶たしてしまった。T〔ヴォイチンスキー〕からすぐ送ってくるはずの金もこなかった。が、近藤憲二が僕の名で本屋から借金してきて、みんないっしょになってよく働いた。そして新聞は、僕が退院後の静養をしてほとんどその仕事にあずかっていなかった、六月まで続いた。

たぶん四月だったろう。僕は再び上海との連絡を謀るためと約束の金をもらうためとに、近藤栄蔵を使いにやった。が、その留守中に、近藤栄蔵や高津正道が堺、山川らと通じて、ひそかに無政府主義者の排斥を謀っているらしいことが、だいぶ感づかれてきた。もしそうなら、僕は上海の方のことはいっさい共産党に譲って、また事実上、栄蔵もそういう風にしてくるだろうとも思ったが、そして新聞もよして、僕ら無政府主義者だけで別にまた仕事をはじめようと思った。

すると、上海からの帰りみちで近藤栄蔵が捕まった。新聞はこれを機会にしてよした。栄蔵は一カ月余り監獄にいて、出てくると山川とだけ会って、その妻子のいる神戸へ行った。そして僕は山川から栄蔵の伝言だというのを聞いた。それによると、T〔ヴォイチンスキー〕はちょうど上海にいないで、朝鮮人の方から栄蔵がロシアへ行く旅費として二千円と僕への病気見舞金二百円とをもらってきたということだった。しかしそれは、僕らがほかの方面から聞いた話――もっとも十分に確実なものではなかったが――とはだいぶ違っていた。が、そんなことはもうどうでもいい、それで彼らと縁切りになりさえすればいいのだ、と思った。

上海の委員会は、T〔ヴォイチンスキー〕がたいして気乗りしていなかったせいだろう、僕が帰ったあとでなんの仕事もしないで立ち消えになってしまったらしい。そして栄蔵が警視庁で告白したところによると、朝鮮の某（そんな名の人間はいない）から六千円余りもらってきたことになっている。

＊

「ヨーロッパまで」が脇道の昔ばなしにはいって、だいぶいやな話が出た。僕はその後ある文章の中で「共産党の奴らはゴマノハイだ」と罵ったことがある。それは一つには暗にこの事実を指したのだ。そしてもう一つには、これもその後だんだん明らかになってきたことだが、無産階級の独裁という美名(?)のもとに、共産党がひそかに新権力をぬすみ取って、いわゆる独裁者の無産階級を新しい奴隷に陥れてしまう事実を指したのだ。

かくして僕は、はなはだ遅まきながら、共産党との提携の、事実上にもまた理論上にもまったく不可能なことをさとった。そしてまたそれ以上に、共産党は資本主義諸党と同じく、しかもより油断のならない、僕ら無政府主義者の敵であることが分かった。

が、今ここに上海行きのこれだけの話ができるのは、共産党の先生らが捕まって、警察や裁判所でペラペラと仲間の秘密をしゃべってしまった、そのおかげだ。それだけはここでお礼をいっておく。

5

それでも、僕にはまだ、ロシア行きの約束だけは忘れられなかった。そしてからだの恢復とともに、僕ら自身の雑誌の計画を進めながら、ひそかにそのときを待っていた。僕はロシアの実情を自分の目で見るとともに、さらにヨーロッパにまわって戦後の混沌としている社会運動や労働運動の実際をも見たいと思った。

そこへ、突然、その年の十月ごろかに、ロシアで××××××××××××××。それは共産党の方にきたのだが、こんどは僕もその相談にあずかった。共産党ではそこへやろうという労働者がいなかったのだ。そして僕は、いずれまた上海のときのようなことになるのだろうとは思ったが、とにかく日本から出席する一〇名ばかりの中に加わることにきめた。しかし、あとでよく考えてみて、それも無駄なような気がした。また、共産党との相談にも、いろいろおもしろくないことが起きた。そして、いよいよ二、三日中に出発するというときになって、僕一人だけそこから抜けた。

翌年〔一九二二年〕、すなわち去年の一月に、僕はまたこんどは月刊の『労働運動』〔第三次〕をはじめた。そしてほとんど毎号、その頃になってようやく知れてきたロシアの共産党政府の無政府主義者やサンジカリストに対する暴虐な迫害や、その反無産階級的反革命的政治の紹介に、僕の全力を注いだ。

八月の末に、大阪で、例の労働組合総連合創立大会が開かれた。そしてそこで、無政府主義者と共産主義者とがはじめて公然と、しかもその根本的理論の差異の上に立って、中央集権論と自由連合論との二派の労働者の背後に対陣することとなった。

日本の労働運動は、この大会を機として、その思想の上にもまた運動の上にも、とくに画時代的の新生面を開こうとする非常な緊張ぶりをしめしてきた。そこへこんどの××××××の通知がきたのだ。たとえ短い一時とはいえ、日本を去るのは今は実に惜しい。また、ほとんど寝食を忘れるくらいに忙しい同志を置き去りにして出るのも実に忍びない。しかし、日本のことは日本のことで、僕がいようといまいと、もちろんみんなが全力を尽してやって行くのだ。そして僕は僕で、外国の同志との、しかもこんどこそは本当の同志の無政府主義者との、交渉の機会が与えられたのだ。行こう。僕は即座にそう決心するほかはなかった。

＊

上海では、前に、三、四軒のホテルに十日ほどずつ泊まった。同じホテルに長くいてはあぶないというので、そのたびに新しい変名を造っては、ほかのホテルへ移って行ったのだ。このときどき変わる自分の名を覚えるのは容易なことでなかった。まずその漢字とそのシナ音との、僕らにはほとんど連絡のない、というよりもむしろまったく違った二つのことを覚えなければならないのだ。が、それはまず無事に済んだ。けれども、シナ語をちっとも知らないシナ人というのも、ずいぶん変なものだ。が、それもまず、ボーイとは英語で、しかもほんの用事だけのことを話せばいいのだから、なんとかごまかして済ました。

しかし一度その変名で、失敗のような、また過失《あやまち》の功名のようなことをした。それは、やはり上海にいたシナの国民党のある友人〔張継〕に会いたいということを、朝鮮のR〔呂運亨〕に話した。R〔呂運亨〕はその友人の家へ行ったが、旅行中で留守なので、ただ僕が何々ホテルにいるということだけを書き置いてきた。友人は帰ってからすぐ僕のホテルへきた。そして、きっと変名しているのだろうと思って、ただ日本人がいないかと尋ねた。すると、日本人はいないというので、さらに日本人らしいシナ人はいないかと聞いたが、そんなのもいないという。で、しかたなしに旅客の名と室の番号とを書きつらねた板の上を見まわした。

「はあ、これに違いない。」

彼はその中のある名を見て、一人でそうきめて、その番号の室へ行った。そしてはたしてそこに僕を見出した。

「あんな馬鹿な名をつける奴があるもんか。」

彼は僕の顔を見るとすぐ、笑いこけるようにしていった。

「なぜだい。朝鮮人がつけてくれた名なんだけれど。」

僕はその笑いこける理由がちっとも分からないので、まじめな顔をして聞いた。

「なぜって君、唐世民だろう、あれは唐の太宗の名で、日本でいえば豊臣秀吉とか徳川家康とかいうのと同じことじゃないか。が、おかげで僕は、それが君だってことがすぐ分かったんだ。本当のシナ人でそんな馬鹿な名をつける奴はないからね。」

この友人は、近く広東へ乗りこむ孫逸仙〔孫文〕一行の先発隊として、あしたの朝、上海を出発するのだった。したがって、もしその晩会えなければ、しばらくまた会う機会がないのだった。

「新政府の基礎ができたら、ぜひ広東へ遊びにきたまえ。陳炯明はなんにも分からないただの軍人なのだが、社会問題にはだいぶ興味を持っているし、僕らも向こうへ行けばすぐ、シナや外国の資本家を圧迫する一方法としてだけでも、大いに労働運動を興してみるつもりなんだ。」

今は立派な政治家になっているが、昔は熱心な労働運動者だった彼は、こうしてその新政治の必要の上からの労働運動を主張していたのだった。そして実際また、その頃すでにもう、陳炯明の保護のもとに無政府主義者らが盛んに労働組合を起こして、広東がシナの労働運動の中心になろうとしていたのだ。その後、香港で起こった船員や仲仕の大罷工《だいひこう》には、これらの無政府主義者がその背後にいたのだった。

上海で無政府主義者のだれとも会うことのできなかった僕は、広東のそれらの無政府主義者と会いたいと思った。そしてこのシナの新政治家とは、近いうちにまた広東で会う約束をして分かれた。

＊

が、こんどは、例の共産党の先生らのペラペラのおかげで、これらのおなじみのホテルへは行けなかった。近藤栄蔵が捕まって以来、日本政府の上海警戒が急に厳重になったのだ。そして僕らが前に泊まったホテルにはどんな方法が講じてあるのかも知れなかったのだ。

で、僕はまず、シナの同志B〔不明〕の家へ行った。まだ会ったことのない同志だ。しかしその夏、やはりシナの同志のW〔不明〕がひそかに東京にきて、お互いの連絡は十分についていたのだ。そして僕がこんどこの上海に寄ったのは、ベルリンの大会で国際無政府主義同盟が組織されるのと同時に、僕らにとってはそれよりももっと必要な○○○○○○○〔「極東無政府主義同盟」と推測される〕の組織を謀ろうと思ったからでもあった。

折悪しくBはいなかった。そしてその留守のだれも、シナ語のほかは話しもできず、また筆談もできそうになかった。僕は少々途方にくれた。ほかへ行くにも前に知っているシナ人や朝鮮人は今はみなロシアに行ってしまったはずだ。新政治家の友人も、その後、陳炯明の謀叛のために広東を落ちて、たぶん今は上海にいるんだろうとは思ったが、どこにいるんだか分からなかった。こんなことなら、あらかじめBに僕のくることを知らしておくんだった、とも思った。が、今さらそんな無駄なことを考えてもしかたがない。どこか西洋人経営のホテルを探しに行くか、あるいはここに坐りこんでBの帰るのを待つかだ。僕は長崎から上海までの暴風《しけ》でだいぶ疲れていたので、そしてまたよくは分からないが、Bがすぐ帰ってきそうな話しぶりなので、とにかく少し待ってみるつもりで玄関の椅子の一つに腰をおろした。

すると、すぐそこへ、そとから若いシナ人が一人はいってきた。僕はその顔を見てハッとした。知っている顔だ。去年まで東京でたびたび会って、よく知っているN〔不明〕だ。彼も無政府主義者だといっていた。そしてその方面のいろんな団体や集会にも出入りしていた。しかし僕は彼がどこまで信用のできる同志だか知らなかった。そしてまた彼がシナに帰ってからの行動についてはなにも知らなかった。僕は彼をちょうどいい助け舟だと思うよりも、いま彼に見られていいのか悪いのか分からなかった。とにかく、何人によらず、知っている人間に会うのは今の僕には禁物なのだ。

彼の方でも、僕の顔を見るとすぐ、ハッとしたようであった。が、そのすぐあとの瞬間に、僕は彼が僕の顔を分からなかったことが分かった。そして僕は、そうだ、そのはずだ、とはじめて安心した。

彼は取次のものとなにか話ししていたが、Bはすぐ帰ってくるはずだから、と日本語でその話を取り次いでくれた。僕は彼が僕の顔を分からずに、そのハッとした態度をまだそのまま続けているのが少々おかしかった。そしてちょっとからかってみる気になった。

「あなたはよほど長く日本においでででしたか。」

僕は済ました顔で尋ねた。

「いいえ、日本にいたことはありません。」

僕は彼のむっつりした返事を少々意外に思った。がすぐまた、彼が排日運動の熱心家で、そのために日本の警察からかなり注意されていたことに気がついた。そして彼が僕を普通の日本人かあるいは多少怪しい日本人かと思っているらしいことは、さらにまた僕のからかい気を増長させた。

「しかしずいぶん日本語がうまいですね。」

「いや、ちっともうまくないです。」

彼は前よりももっとむっつりした調子でこういったまま、テーブルの上にあったシナ新聞を取りあげた。僕はますますおかしくなったが、しかしまた多少気の毒にもなり、またあまり長い間話ししていては険呑だとも思ったので、それをいい機会にして黙ってしまった。そして彼には後ろむきになって、やはりテーブルの上のシナの新聞を取りあげた。

こうしてしばらく待っている間にBが帰ってきた。僕はNに分からんように、筆談で彼と話しした。彼は僕をいい加減な名でNに紹介した。

翌日僕は、Bの家の近所を歩きまわって、ロシア人の下宿屋を見つけた。そして、ただ少々の前金《ぜんきん》を払っただけで、名もなんにもいわずにそこの一室に落ちついた。

僕は食堂へ出るのを避けて、いつも自分の室で食事した。したがって、下宿屋の神さんでもまたほかの下宿人でも、ほとんど顔を見合わしたことがなかった。二日たっても三日たっても、宿帳も持ってこなければ、名刺をくれともいってこない。僕は呑気なもんだなと思いながら、シナ人のボーイに僕がどこの国の人間だか分かるかと聞いてみた。ボーイはなんの疑うところもないらしく、

「イギリス人です。」

と答えた。僕は変なことをいうと思って、

「どうしてそう思う？」

と問い返した。

「お神さんがそういいましたから。」

ボーイは、神さんと同じように、ごく下手な僕の英語よりももっと下手な英語で、やはりなんの疑うところもないような風で答えた。

「ハァ、奴らは僕をイギリス人とシナ人との合《あい》の子とでも思っているんだな。」

僕はこれはいい具合だなと思いながら、そのボーイの持ってきた夕飯の皿に向かった。実際、こうした下宿屋には、東洋人がくることはほとんど絶対にない。お客はみな毛唐《けとう》ばかりなのだ。

6

上海に幾日いたか、またその間なにをしていたか、ということについては今はまだなんにもいえない。ただそこにいる間に、ベルリンの大会が日延べになったことが分かったので、ゆっくりと目的を果たすことができた。そして、その間に、日本では、僕が信州のなんとか温泉へ行ったとか、ハルピンからロシアへ行ったとか、香港からヨーロッパへ渡ったとか、いやどことかで捕まったとか、というようないろんな新聞のうわさを見た。上海のシナ人の新聞にも、そうしたうわさを伝えたほかに、ロシアから毎月いくらかの宣伝費をもらっている、というようなことまでも伝えた。

そして、本年某月某日〔一九二三年一月五日〕、僕は四月一日の大会に間に合うように、ある国〔フランス〕のある船〔アンドレ・ルボン号〕で、そっとまた上海を出た。途中のことも今はまだなんにもいえない。

(上海でなにをしていたのかは日本に帰った今でもまだいえないが、ここで大会の日延べになったことが分かったとか、日本でのいろいろなうわさを聞いたとかいうのはうそだ。それはパリへ行ってからのことなのだ。途中でのことはほかの記事にちょいちょい書いてある。)

*

某月某日〔二月十三日〕——これがあんまり重なっては読者諸君にはなはだ相済まないのだが、しかたがない、まあ勘弁してもらおう——どこをどうしてだか知らないが、とにかくパリに着いた。

コロメルの宛名の、フランス無政府主義同盟機関『ル・リベルテール』社のあるところは、パリの、しかもブールヴァル・ド・ベルヴィル(強いて翻訳すれば「美しい町の通り」)というのだ。地図を開いて見ても、かねてから名を聞いているオペラ座なぞのある大通りと同じような、大きな大通りになっている。

いずれその横町か屋根裏にでもいるだろう、と思って行ってみると、なるほど大通りは大通りに違いないが、ちょうどあの、浅草から万年町の方へ行くなんとかいう大きな通りそのままの感じだ。もっとも両側の家だけは五階六階七階の高い家だが、そのすすけた汚さは、ちょっとお話にならない。自動車で走るんだからよくは分からないが、店だってなんだか汚らしいものばかり売っている。そして通りの真ん中の広い歩道が、道いっぱいに汚らしいテントの小舎がけがあって、そこをまた日本ではとても見られないような汚らしい風の野蛮人みたいな顔をした人間がうじゃうじゃと通っている。市場なのだ。そとからは店の様子はちょっと見えないが、みな朝の買いものらしく、大きな袋にキャベツだのジャガ芋だの大きなパンの棒だのを入れて歩いている。

ル・リベルテール社は、それでも、その大通りの、地並みの室にあった。週刊『ル・リベルテール』（自由人）、月刊『ラ・ルヴィユ・アナルシスト』（無政府主義評論）との事務所になっているほかに、ラ・リブレリ・ソシアル（社会書房）という小さな本屋をもやっているので、店はみな地並みにあるわけなのだ。

その本屋の店にはいると、やはりおもてにいるのと同じような風や顔の人間が七、八人、なにかガヤガヤと怒鳴るような口調でしゃべっていた。その一人をつかまえてコロメルはいないかと聞くと、奥にいるという。奥といっても、店からすぐ見える汚らしい次の部屋なのだ。そこもやはり、同じような人間が七、八人突っ立っていて、ガヤガヤとしゃべっているほかに、やはり同じような人間が隅っこの机に二人ばかりなにか仕事をしていた。その一つの机のそばに立って、手紙の束を手早く一つひとつ選り分けている男が一人、ほかの人間とは風も顔も少し違っていた。日本でいってもちょっと芸術家といった風に頭の毛を長く延ばして髯のない白い顔をみんなの間に光らしていた。ネクタイもしていた。服も、黒の、とにかくそんなに汚れていないのを着ていた。僕はその男をコロメルだときめてそのそばへ行って、君がコロメルか、と聞いた。そうだ、という。僕は手をさし出しながら、僕はこうこうだといえば、彼は僕の手を堅く握りしめながら、そうか、よくきた、といって、すぐ日本の事情を問う。腰をかけろという椅子もないのだ。

＊

「どこか近所のホテルへ泊まりたいんだが。」

というと、――

「それじゃ私が案内しましょう。」

という、女らしい声が僕のうしろでする。ふり返って見ると、まだ若い、しかし日本人にしてもせいの低い、色のたいして白くない、唇の大きくて厚い、ただ目だけがぱっちりと大きく開いているほかにあんまり西洋人らしくない女だ。風もその辺で見る野蛮人と別に変わりはない。

とにかくその女の後について、二、三丁行って、ちょっとした横町にはいると、ほとんど軒並みにホテルの看板がさがっている。みんな汚らしい家ばかりだ。女はその中の多少よさそうな一軒を指さして、あのホテルへ行ってみようという。看板にはグランドホテルなんとかと書いてある。が、はいってみれば、要するに木賃宿《きちんやど》なのだ。今あいているという三階のある室に通された。敷物もなんにも敷いてない狭い室の中には、ダブル・ベッド一つと、鏡付きの大きな箪笥一つと、机一つと、椅子二つと、陶器の水入れや金だらいをのせた洗面台とで、ほとんどいっぱいになっている。そしてその一方の隅っこに、自炊のできるようにガスが置いてある。すべてが汚らしく汚れた、そして欠けたり傷ついたりしたものばかりだ。ちょっといやな臭いまでもする。が、感心に、今まで登ってきた梯子段や廊下はずいぶん暗かったが室の中はまずあかるい。窓からそとはかなり遠くまで広く開いている。

「なかなかいい室《へや》でしょう。」

と連れの女は自慢らしくいう。とても、お世辞にもいいとはいえない。実は、今までもあちこちのいろんなホテルに泊まっているんだが、こんなうちははじめて見たのだ。が、フランスへ行ったら労働者町に住んでみたい、もしできれば労働者の家庭の中に住んでみたい、とはかねてから思っていた。

「いいでしょう、ここにきめましょう。」

と僕もしかたなしに、ではあるがまた、ここに住むことについての大きな好奇心を持って答えた。

そしてまず、一カ月百フラン（そのときの相場で日本の金の一二円五〇銭）という室代の幾分かを払った。東京の木賃宿の一日五〇銭に較べればよほど安い。ガスは一サンティムの銅貨を一つ小さな穴の中に入れれば、三度の食事ぐらいには使えるだけの量が出てくるのだそうだ。

すると、こんどは宿帳をつけてくれという。今までも、どこのホテルでも宿帳はつけてきたが、そしていい加減に書いてきたが、ここではカルト・ディダンティテ（警察の身元証明書）を見せろというのだ。なんのことかよく分からんから、連れの女に聞いてみると、フランスでは外国人はもとより内国人ですらも、みなその写真を一枚はりつけた警察の身元証明書を持っていなければならんのだという。もちろんそんなものは持っていない。で、しかたなしに、その女といっしょになって、いい加減にそこをごまかしてしまった。

「フランスはずいぶんうるさいんですね。」

僕はホテルを出て、社へ置いてきた荷物を取りに行くみちで、女につぶやいた。

「ええ、そしてあの身元証明書がないと、すぐ警察へ引っぱって行かれて、罰金か牢を仰せつかるんです。外国人ならそのうえにすぐ追放ですね。」

が、僕は女のこの返事が終わるか終わらないうちに、社のすぐ前の角に制服の巡査が三人突っ立っているのを見た。みな社の方を向いて、社の入口ばかりを見つめているようなのだ。

「おや、制服が立っていますね。」

僕は少々不審に思って聞いた。

「例のベルトン事件以来、ずっとこうなんです。」

といって、彼女は、最近に王党の一首領を暗殺した女無政府主義者ジェルメン・ベルトンの名を出した。そしてその以前からも、集会はもちろん厳重な監視をされるし、家宅捜索もやる、通信もいちいち調べる、尾行もやる、遠慮なく警察へ引っぱっても行く、という風だったのだそうだ。

「はあ、やっぱり日本と同じことなんだな。」

僕はそう思いながら、たぶんその巡査どもの視線を浴びながらだろう、ル・リベルテール社の中へはいって行った。

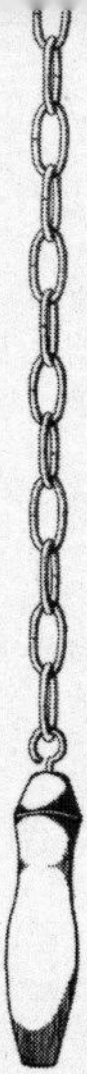

パリの便所

一九二三年四月三十日、パリにて

1

パリにつくとすぐ、仲間の一人の女に案内されて、その連中の巣くっている家の近所の、あるホテルへ連れて行かれた。

その辺はほとんど軒並みに、表通りは安キャフェと安食べもの屋、横町は安ホテルといった風の、ずいぶん汚い本当の労働者町なんだ。道々僕は、どんな家へ連れて行かれるんだろうと思って、その安ホテルの看板をいちいち読みながら行った。一日貸し、一夜貸し、とあるのはまだいい。が、その下に、おりおり、トレ・コンフォルタブル（極上）とあって、便所付きとか電灯付きとかいう文句のついたのがある。便所が室についていないのはまだ分かる。しかし電灯のないホテルが、いまどき、このパリにあるんだろうか。僕は少々驚いて連れの女に聞いた。

「ええ、ありますとも、いくらでもありますよ。」

という彼女の話によると、パリの真ん中に、まだ石油ランプを使っているうちがいくらでもあるんだそうだ。僕はそんなうちへ連れて行かれちゃたまらないと思った。そしてそのトレ・コンフォルタブルなうちへ案内してほしいと頼んだ。

彼女と僕とは、グランドホテルなんとかいう名のうちの、三階のある一室へ案内されて行った。なるほど、電灯は確かにある。が、便所は、室の中にもそとにもちょっと見あたらない。

「便所は?」

僕は看板に少々うそがあると思いながら、いっしょに登ってきたお神さんに尋ねた。

「二階の梯子段のところにあります。」

お神さんは平気な顔で答える。僕も便所が下にあるくらいのことはなんでもないと思って、平気で聞いていた。

が、その便所へ行って見ておどろいた。例の腰をかける西洋便所じゃない。ただ、タタキが傾斜になって、その底に小さな穴があるだけなのだ。そしてその傾斜のはじまるところで跨ぐのだ。が、その汚さはとても日本の辻便所の比じゃない。

僕はどうしてもその便所では用をたすことができなくて、小便は室の中で、バケツの中へジヤアジヤアとやった。洗面台はあるが、水道栓もなく、したがってまた流しもなく、いちいち下から水を持ってきて、そしてその使った水を流しこんでおく、そのバケツの中へだ。僕ばかりじゃない。あちこちの室から、そのジャアジャアの音がよく聞こえる。大便にはちょっとこまったが、そとへ出て、横町から大通りへ出ると、すぐ有料の辻便所があるのを発見した。番人のお婆さんに二〇サンティム（ざっと三銭だ）のところを五〇サンティム奮発してはいってみると、そこは本当のきれいな西洋便所だった。

貧民窟の木賃宿だから、などと、日本にいて考えてはいけない。その後、パリのあちこちを歩いてみたが、こうした西洋便所じゃない、そして幾室あるいは幾軒もの共同の、臭い汚い便所がいくらでもあるのだ。そして田舎ではそれがまず普通なのだ。

僕はまた、西洋便所とともに、西洋風呂も気持ちのいいものだと思っていた。が、このトレ・コンフォルタブルな安ホテルでは、どこの看板にも風呂付きというのは見たことがない。そしてまた、普通のうちで風呂なぞのあるのは滅多にない。男でも女でも、みんな一カ月に一度か二カ月に一度、お湯屋へはいりに行くのだ。しかもそのお湯屋だって、そうやたらにあちこちにあるのじゃない。ちょうど、有料の西洋便所と同じくらいの程度に、ごく稀にぶつかるだけだ。幸い僕は、このお湯屋もすぐ近所に見つけたので、二、三日目には二フラン五〇（三五銭ばかり）奮発して、そこのいいお得意様になった。もう一フラン出せば、その辺では立派な夕飯が食えるんだ。

2

しかし僕だって、そんな安ホテルで野蛮人のような生活ばかりしていたんじゃない。たいして上等でもないが、とにかくまず紳士淑女の泊まるホテルへも行った。

実は、前のホテルが仲間の巣のすぐ近所なので、その辺を始終うろついているおまわりさんのぴかぴか光る目がこわかったのだ、そして早々逃げ出したのだ。

こんどは、室の中で栓一つねじれば、水でも湯でも勝手に使えた。西洋風呂もあった。西洋便所もあった。

僕は、猿またの捨て場所にこまって、そっとこの便所へ突っ込んで、うんとひもを引っぱってドドドウと水を流してみた。うまく流れればいいがと思いながら、だいぶ心配しいしいやったんだが、なんのこともなくきれいに流れてしまった。

「なあに、そんな心配はないよ。フランスの便所は赤ん坊の頭が流れこむだけの大きさにちゃあんとできているんだからね。」

僕がその話をしたら、友人の一人がこういって、そしてドイツでやはりこのでんをやって失敗した話をした。猿またが中途でひっかかって管がつまってしまったので、お神さんにだいぶ油をしぼられたうえに、その掃除代まで取られたんだそうだ。

が、そのほかにもう一つ、室の隅っこになんだかわけの分からんものがあった。白いきれいな陶器で出来ているんだが、ちょうどおまるのような大きさの、そしてまたそんな形のもので、そのきんかくしにあたるところに水と湯との二つの栓がついている。そしてその真ん中ごろの両側が瓢箪形に少しへこんで、そこへ腰をおろすのに具合のいいようになっている。が、おまるにしては、固形物の流れるような穴はない。また立派な西洋風呂のあるのに、こんなもので腰湯を使うのも少しおかしいと思った。試みに栓をねじると、恐ろしい勢いで、水か湯かがジャジャジャジャアと出てくる。そして僕は、夜中になるとよく、隣りの室でしばらく男と女の話し声が聞こえると思ったあとで、このジャジャジャジャアの音を聞いた。

寝台は大きなダブル・ベッドだ。枕はいつでも二つちゃんと並べてある。これは前の安ホテルでもやはりそうだったが。

パリについた晩、近所の薄汚いレストランへ行って、三フラン五〇の定食を食った。日本の一品料理みたいな味のものだ。で、しかめつらをして食っていると、日本ではとても見られないような、毛唐と野蛮人との合の子のようなけったいな女がはいってきて、ココココと呼びかける。坊やというほどの意味だ。僕は恐ろしくなってさっそくそこを逃げ出した。が、そとへ出ると、すぐ同じような女がそばへやってきて「いかがです」てなことをいう。ホテルの前のかどでも、そんな女が二人突っ立っていて、いきなり僕の腕をとって、なんやかやと話しながらいっしょに歩いてくる。よくは分からないが、「五フランなら」というような言葉がその中にあったように思う。実は、このベルヴィル通りの労働者街を逃げ出したのは、おまわりさんもこわかったが、この五フラン女もこわかったのだ。

それからパリの中心のグラン・ブールヴァル近くのあるホテルへ引っ越すとすぐ、夕方その辺をぶらぶらしながら、ちょっとはいるのに気がひけるような、ある大きなキャフェへはいった。キャフェは実にうまい。僕は二、三杯立て続けに飲んだ。そして「もう一杯」とボーイに言いつけている間に、ふと五つ六つ向こうのテーブルにいる若いきれいな女が、僕の顔を見ながらニコニコしているのに気がついた。これはまた、日本ではとても見られないような、本当の西洋人の目のさめるような女だ。

僕はきっと僕があんまりキャフェを飲むんで笑っているんだろうと思った。それともまた、色の浅黒い妙な野蛮人がいるなと思って笑っているのかともひがんでみた。どっちにしても、僕にとっては、あんまり気持ちのいいことではない。僕は少々赤くなって、すましてほかの方を向いた。

すると、そこにもやはり、一人の若いきれいな女が、僕の顔を見てニコニコしているのにぶつかった。少し癪にさわったので、こんどは度胸をすえて、こっちでもその女の顔をじっと見つめてやった。

が、笑っているんじゃないんだ。目がうごく、口がうごく、なにか話しかけるように。

僕は変だなと思って、こんどは前の女の方を見た。やはりニコニコしている。そして今の女よりももっと、しきりに話しかけるようにして、顎までも動かす。

僕は少々きまりが悪くなって、急いでキャフェを飲みこんでそこを出た。

3

翌日は、ちょっと用があるんで昼からタクシーでそとへ出た。自動車で道がいっぱいなので、車はよく止まる。そして、ぞろぞろとまた、歩くようにして走りだす。僕は急ぎの用じゃ自動車ではだめだなと思った。

こうして、ある広場の入り口でちょっと道のあくのを待っている間に、僕は、一人のやはり若いきれいな女が、ニコニコしながらのぞきこんでいるのを見た。窓ごしなので言葉は聞こえないが、なにか言っているようにすら見える。が、その言葉を聞きとろうと思って耳をかたむけている間に、車は走りだした。

その日は大奮発をして三〇フランばかりの夕飯を食って、また大通りをぶらぶらしていると、なんとか嬢のなんとかの歌、なんとか君のなんとかの話というような題をならべた、寄席のようなものがあった。はいった。歌も話も、わりによく分かるのでうれしかったが、それがあんまりつまらないくすぐりばかりなので、いやになってすぐ出た。

そして、また大通りのショー・ウィンドウのあかあかと照らしたところや、キャフェのテラスの前を、ぶらぶらと歩いた。テラスというのは、キャフェの前の人道に椅子、テーブルを持ち出して並べてあるところだ。そこでは大勢の男や女が、がやがやおもしろそうに話しながら、なにか飲んでいる。そしてところどころに一人ぼっちの若い女がいて、それがほかの一人ぼっちの男にいろいろと目くばせしたり、前を通る男に笑いかけたりしている。

道を通る女という女は、ほとんどみなその行きちがう男になにか目で話しかけて行く。そして、おや見合ったなと思っているうちに、もう二人で手を組んだり、あるいは肩や腰に手をかけたりして、ぺちゃくちゃなにか話しながら歩いて行く。

女はみな、あの白い顔にまたきれいに白粉《おしろい》をぬって、そのうえにところどころ赤い色をぬって、唇には紅をさし、目のふちは黒く色どっている。そしてその顔をまた、いろんな色の帽子と着物とでかざっている。

その女のうしろ姿がまたいい。すらりとした長いからだの、ことに今は長い着物がはやっているのでなおさらすらりとして見えるのだそうだ、肩や腰をちょこまかとゆすぶりながら、小足で高い靴の踵を鳴らして行く。

僕はそういうのにうっとりとしていると、一人の女にぶつかった。ぶつかったんじゃない。あっちから僕の前へのこのこ出てきたんだ。そして、

「どう、今晩私といっしょにあそばないか。」

と首をかしげて、細い、しかしはっきりしたかわいい声でいう。

悪い気持ちじゃない。しかし少々面くらった僕は、あわてて、ちょうどその前を通っていたやはり寄席のようなうちの中へ飛びこんだ。

ドアを開けて、はいるにははいったが、切符を売るようなところがないので、ちょっとまごついていた。すると、ボーイらしい男がやってきて、

「いい席にいたしましょうか。」

という。

「ああ、一番いい席にしておくれ。」

僕はどうせ高の知れたものと見くびって大見得をきった。ボーイはすぐ僕の前に立って案内した。

もう一つドアを開けると、そこは広い踊り場だった。盛んなオーケストラにつれて、一〇人あまりの女が今、踊っている最中だ。僕はその一番前のテーブルに坐らされた。僕はボーイに二フランの銅貨を一つにぎらした、ボーイはしきりにお礼をいいながら、なにか低い声でささやいた。僕はちょっと聞きとれないので聞きなおした。

「もしお望みの娘がいましたら、ちょっと私に相図してください。すぐ呼んできますから。」

ボーイはそう言って、なにか小さな紙片を置いて行った。そして、それと入れ代わりに、またほかのボーイがきて、大きな紙片を一枚テーブルの上に置いた。見ると、シャンパンのメニュだ。五〇フランとか六〇フランとかいう値段が書いてある。こりゃたいへんだ、と思いながら、前の小さな方の紙片を取って見ると、それには「入場無料、飲物是非」と書いてある。

「ちょっと待っておくれ。」

僕は踊りの方に夢中になっているような顔をして、ひとまずそのボーイを斥けた。そして、短い裾を盛んにまくりあげては足を高くあげて見せる、そのなんとか踊りが済んで、そしてこんどは見物の男や女が踊り場いっぱいになって踊りだしたのを機会に、シャンパンの注文を聞きにくるボーイのこないうちにと思って、とっとと逃げ出してしまった。

4

いまパリではミディネットが同盟罷工をしている。

このミディネットというのは、字引をひいてもちょっと出てこない字だが、ミディすなわち正午にあちこちの商店や工場からぞろぞろと飯を食いに出てくる女という意味で、いろんな女店員や女工を総称するパリ語だ。そしてこのミディネットがやはり、正午の休み時間に、本職の労働以外の労働をするという話を聞いた。実は、僕がミディネットという言葉を覚えたのも、その話からなのだ。

が、いま罷工をやっているミディネットは、その中のお針女工だ。八千人ものこのお針女工がもう四週間も罷工を続けて、多勢大通りをねって歩いて示威運動をしたり、罷工に加わらない工場へ誘い出しに行ったりして、あちこちで警官隊と衝突している。

僕はそのミディネットの一人に会った。そしてその生活状態も聞いてみた。

彼女はまだ若いし、腕もたいしてよくはないので、一週間に六〇フランしかもらっていなかった。が、この一週間五、六〇フランから一カ月三、四百フランというのが、まずパリでの一般のミディネットの普通の収入なのだ。パリの貧乏人の女は、娘でも細君でも、たいがいみなこうして働いている。

そして彼女の毎日の支出は、その鉛筆で書いてみせた表によると、ざっとこうだ。

単位：フラン

朝食（キャフェとパン）	0.60
電車（往復）	0.35
昼飯	4.50
夕飯	3.50
洗濯	0.80
室代	2.00
雑費（病気や娯楽）	2.00
被服	2.00
合計（一日）	15.75
同（一週）	110.25
同（一月）	441.00
同（一年）	5,292.00
収入（一年）	3,120.00
不足（一年）	2,172.00

昼飯は友だちといっしょに食うんで、日本人のお茶の、葡萄酒が少しはずむんだ。二フラン

の室というのは、安ホテルの屋根裏だ。そしてパリのミディネットは、親のうちにいるものはごく稀でたいがいはみなこの安ホテルの屋根裏ずまいだ。

そこで、問題はこの一年二千フラン余りの不足が、どうして補われるかということだ。あるものは自炊をして、昼も晩もパンとジャガ芋かスウプで済ます。洗濯と娯楽と被服とをうんと倹約する。あるものはいわゆる「お友だち《アミ》」の男と同棲する。夫婦共稼ぎする。そしてあるものは、正午の休み時間に働く、いわゆるミディネットになる。

イギリスの『タイムス』では、ミディネットらが「生活費や絹の靴下や白粉が高くなったので」罷工した、と冷やかしていた。実際、絹の靴下をはいているものもかなりある。また白粉をつけているものもかなり多い。しかし、パリの町の中を歩いている女で、そうでないものがどれだけあるだろう。そしてたいがいのミディネットは、その商売上、雇い主からそう強いられるのだ。

また、この罷工中のミディネットらが、胸に箱を下げてあちこちのキャフェへ寄付金募集に歩くと、

「おい、そんなことをするよりゃ、往来をぶらぶらしろよ。」

とからかう紳士がずいぶんある。この紳士らの望み通りにミディネットに「往来をぶらぶら」させるためには、そしてやがてそれを本職にさせるためには、彼女らの賃金は決して上げてはならないのだ。

そしてこの紳士らの淑女は、往来やキャフェをぶらつく若いきれいな女どもとその容色を競うためには、決して子供を生んではならない。貧乏人の、あるいは乞食のような風をした、あるいは淑女のような風をしたどちらの女も、これまた、だんだん高くなってくるその生活のためには、決して子供を生んではならない。

この頃発表されたフランスの人口統計表によると、この現象は最近ことにはなはだしい。一九二二年すなわち去年は、出産数が約七五万九千だが、一昨年は一昨々年よりも約二万一千減り、そして去年は一昨年よりもさらにまた五万三千減っている。

それをもう少し詳しくいうと、一九二二年には、

出産数……………七五九、八四六
死亡数……………六八九、二六七
差　引……………七〇、五七九

であるが、前二ヵ年には、この差し引きが、

一九二一……一一七、〇二三

一九二〇……一五九、七九〇

になっている。

そして死亡数はほんの少しずつ減ってくるのだ。しかもそれは、多くは早死する。貧乏人の子供のうえにだ。

結婚の数も減った。

一九二〇……六二三、八六九

一九二一……四五六、二一一

一九二二……三八三、二二〇

この結婚の数を人口一万に対する比例にすると、ちょうど次のようになる。

一九二二…………一九五

一九二一…………二三三

一九二〇…………三一八

避妊は貧乏人にはちょっとむずかしい。サンガア女史が一番有効なものとして推奨しているカプセルは、一つ五〇フランするのだが、それも長くは使えない。また、前に言った瓢箪形のビデなどは、貧乏人の夢にも思えるものじゃない。

労働者にはかなり子供ができる。僕の知っている労働者で、五人六人、または七人八人と子供をつくったのが、かなりあるが、その多くは、まだ赤ん坊の間か、あるいはほんのまだ子供の間に死ぬ。往来をぶらぶらするいかがわしい淑女たちでも二十歳前に生んだ子供を一人ぐらいは持っているのが多い。

そこで、前に言った赤ん坊の頭ぐらいはやすやすと通れる、大きな穴や管の便所が必要になってくる。相応の医者へ行けば、五百フランくらいで、もちろんごく内々でなんの世話もなく手術をしてくれる。しかし貧乏人にはそうはいかない。

堕胎はフランスでは重罪だ。が、こんど、それを軽罪にしたかするとかいう話を、四、五日前の新聞で見た。そこには毎年のこの犯罪数などもあったのだが、今その新聞が手もとにないので、詳しいこともまたはっきりしたこともいえない。

これは貧乏人にとって、よほどありがたい改正のようだ。が、実際はそうでもないらしい。

今までは、重罪だったので、陪審の人たちが多くは被告に同情して、容易にそれを有罪にさせなかった。また、よし有罪ときまっても、容易にその執行をさせなかった。それがこんどは、軽罪のおかげで、陪審もなくなり、また裁判官の同情もよほど薄らごうというのだ。そしてその改正の目的も、実はやはり、そこにあるらしいのだ。

牢屋の歌

一九二三年七月十一日、箱根丸にて

1

パリに
すきなこと二つあり
女の世話のないのと
牢屋の酒とたばこ

へたな演説には、きっと長口上の、なにやかの申しわけの前置きがある。歌だってやはりそうだろう。と、まず前置きの前置きをしておいて、さて、そろそろと長口上に移る。

パリの女の世話のないことは、前の「パリの便所」の中で話した。が、そこでは、物がちょっと論文めいた形式になったために、だいぶかみしもをつけて、その中の「僕」という人間がいつもその世話のない女を逃げまわっているように体裁をかざっていた。

が、体裁はどこまでも体裁で、事実の上からいえばそれは真っ赤なうそだ。逃げまわっていたどころじゃない。追っかけまわしていたくらいなのだ。

その追っかけまわしていた女の中に、ドリイという踊り子が一人いた。バル・タバレンといえば、パリへ行った外国人で知らないもののない、あまり上品でない、ごく有名な踊り場だ。そこの、といってもちっとも自慢にならないのだが、とにかくそこの女の中での選り抜きなのだ。

僕はその踊り場のすぐそばに下宿していたのだが、どうもパリは危険らしい様子なので、三月のなかばにこの分かれにくいドリイに分かれて、リヨンへ逃げた。そしてすぐドイツ行きの仕度にかかった。

それにはまず、ドイツ領事のヴィザをもらう前に、警察本部の出国許可証をもらわなければならない。それが、警察へ行くたびに、あしたやる、あさってやる、という調子でごく小きざみに延び延びになって、一カ月あまりすぎた。むしゃくしゃもする。もうメーデーも近づく。パリもなつかしい。ちょっと行ってみようとなってまた出かけた。

そしてその翌晩、夕飯を食いがてらオペラ近所へ行って、そこからさらに時間を計ってドリイに会いに行こうと思った。が、そのオペラの近くのグラン・キャフェで、前に一度あそんだことのある、そして二度目の約束のときになにかの都合で会えなかって、それっきりになっているある女につかまってしまった。

その翌日はメーデーだ。今晩こそはドリイと思っていると、その日の午後、こんどはとんでもない警察につかまってしまった。

秩序紊乱《ぶんらん》、官吏抗拒、旅券規則違反というような名をつけられて、警察に一晩、警視庁に一晩とめられて、三日目に未決監のプリゾン・ド・ラ・サンテに送られた。

呑気な牢屋だ。一日ベッドの上に横になって、煙草の輪を吹いていてもいい。酒も葡萄酒とビールとなら、机の上に瓶をならべて、一日ちびりちびりやっていてもいい。

酒のことはまたあとで書く。その前にドリイの歌を一つ入れたい。

独房の
実はベッドのソファの上に
葉巻のけむり
バル・タバレンの踊り子ドリイ

窓のそとは春だ。すぐそばの高い煉瓦塀を越えて、街路樹のマロニエの若葉がにおっている。なすことなしに、ベッドの上に横になって、そのすき通るような新緑をながめている。そして葉巻の灰を落としながら、ふと薄紫のけむりにこもっている室の中に目を移すと、そこにドリイの踊り姿が現れてくる。彼女はよく薄紫の踊り着を着ていた。そしてそれが一番よく彼女に似合った。

2

パリの牢のスウヴニルに
酒の味でも
飲み覚えよか
Ça va《サヴァ》! Ça va《サヴァ》!

僕はもう五、六年前から、ほんの少しでもいいから酒を飲むようにと、始終医者からすすめられていた。

が、飲めないものはどうしても飲めない。日本酒なら、小さな盃の五分の一も舐めると、爪の先まで真っ赤になって、胸は早鐘のように動悸うつ。奈良漬けを五切れ六切れ食べてもやはり同じようになる。サイダーですらも、コップに二杯も飲むと、ちょっとポオとする。

ただウイスキーが一番うまいようなので、毎日茶匙に一杯ずつ紅茶の中に入れて飲んでいたが、それだけでもやはりちょっと苦しいくらいの気持ちになる。

フランスにきてからは、いや上海からフランス船に乗って出てからは、食事のたびに葡萄酒が一本食卓に出るのだが、最初ちょっと舐めてみてあんまり渋かったので、その後は見向いてもみなかった。

けれども、牢にはいってみて、差し入れ許可の品目の中に葡萄酒とビールの名がはいっているのを見出して、退屈まぎれにそのどっちかを飲み覚えようと思った。ビールはにがくていけない。葡萄酒も、赤いんだと渋いが、白いんなら飲んで飲めないこともあるまい。女子供だって、お茶でも飲むように、がぶりがぶりやっているんだから。と、きめて、ある日、差し入れの弁当のほかに、白葡萄酒を一本注文した。

Ça va《サ ヴァ》! Ça va《サ ヴァ》! というのは、よかろうよかろうぐらいの意味だ。

きのうはだいぶ渋かったが
きょうは少しあまし

飲みそめの
Vin blanc《ヴアン ブラン》

Vin blanc《ヴアン ブラン》（白葡萄）でも渋いことはやはり渋い。が、ほんのちびりちびり、薬でも飲むように飲む。そして、ほんのりと顔を赤らめながら、ひまにあかして一日ちびりちびりとやって、いい気持ちになってはベッドの上に長くなっていた。

三日目に一本あけた
大手柄！
飲みそめの
Vin blanc《ヴアン ブラン》

一本といっても、普通の一本じゃない。アン・ドミとかアン・カアルとかいう半分か四分の一の奴なのだ。

そして入獄二十四日目の放免の日には、警視庁の外事課で追放の手続きを待っている半日の間に、このアン・ドミを百人近くの刑事どもの真ん中に首をさらされながら、一本きれいにあけてしまった。

そのたびになつかしからん
晩酌の
味を覚えし
パリの牢屋

僕は日本に帰ったら、毎日、晩酌にこの白葡萄を一杯ずつやってみようときめた。

3

Vin blanc《ヴアン ブラン》 ちびりちびり
歌よみたわむる
春の日
春の心

春の心、といっても、春情じゃない。牢屋の中では、いつも僕は聖者のようなのだ。ときどき思い出したドリイだって、実はいっしょに寝たには寝たが、要するにただそれっきりのことだったのだ。

——Faire l'amour, ce n'est pas tout. Tu es trop jolie pour cela. Je t'adore.
〔寝ることだけじゃないんだ。それには君はきれいすぎる。大好きだよ。〕

というような甘いことを、実際甘すぎてちょっと日本語では書きにくいのだ、子守歌でも歌って聞かせるような調子でおしゃべりしながら寝かしつけていたのだ。

そしてまた、それだからこそ、ときどき彼女を思い出したのだろうと思う。リヨンではたった一人のそして停車場まで夜遅く送ってきた女のことも、メーデーの前の晩会った女のことも、またいつも赤い帽子をかぶっていたところから僕が「赤帽《シャポオルウジュ》」とあだ名していた女のことも、そのほか本当にいっしょに寝た女のことは一度も思い出しはしなかった。

そんなことじゃないんだ。ただ春の心なのだ。本当にのどかな、のんびりとした呑気な気持ちなのだ。いつも忙しい、そして多勢の人との交渉の多い生活をしている僕には、実際なんの心配もないたった一人きりの牢屋の生活ほどのうのうするところはないのだ。もっとも、それがあんまり長かったり、ときどきすぎたりしては、そうばかりも行くまいが。ことに春の日の牢の中はいい気持ちだ。そして、それが、ちびりちびりのヴァン・ブランでなおさらにいい気持ちにあおられていてはたまらない。へたな歌もできよう。呑気なことも考えていられよう。

が、これは出るとすぐ仲間の新聞で知ったのだが、その頃この牢屋でこんなに呑気をしていては、知らんこととはいいながらはなはだ相済まなかったのだ。

僕がまだフランスにくる途中の船にいた頃、共産党の首領カシエン〔マルセル・カシャン〕以下、十数名のものがルール問題の勃発とともに拘禁された。そしてその中には、ドイツの共産党代議士なんとかかというのと、もう一人のやはりなんとかかというドイツの共産主義者とがいた。みんなやはり僕と同じこのラ・サンテの牢屋にいたのだ。

ところが僕がはいってから、カシエン以下のフランスの共産主義者は保釈で釈放されたが、ドイツの二人だけは残された。二人ともフランスの法律に触れる理由はなんにもなく、ただその政治上の都合でおしこめられていたので、たださえ二人はだいぶ憤慨していたのだが、ほかのものがみんな出されて自分らだけ残ったとなると、すぐ釈放を要求してハンガー・ストライキをはじめた。そして、それを知った同じ牢屋の政治監にいる既決囚の無政府主義者四、五名も、それに同情のやはりハンガー・ストライキをはじめた。

ドイツの二人は十幾日間頑強に飲まず食わずにすごした。そしてほとんど死んだようになって病院に移されて、僕が放免になった二、三日後にようやくのことで釈放の命令が出た。

「僕も知っていれば……」

と、僕は自分の太平楽を恥じかつくやしんだ。

入獄から追放まで

一九二三年八月十日、東京にて

どうせどこかの牢屋を見物するだろうということは、出かけるときのプログラムの中にもあったんだが、とうとうそれをパリでやっちゃった。

*

1

実は、だいぶうかつではあったが、このパリでということは、最初はあまり予期していなかったのだ。

日本では最近にヨーロッパへ行ったことのあるだれとも話しはしなかったが、シナではほやほやのフランス帰りの幾人かの人たちと会った。

「なあに、フランスへあがりさえすれば、もう大丈夫ですよ。」

その人たちはみな同じようにそういった。そして旅券なぞも、途中はもとより、マルセイユ上陸のときですら、なければなしで通れるほどに世話がない、という話だった。

もっとも、とにかく僕は、国籍と名だけはごまかしたが、しかし正真正銘の僕の、しかもそのときの着のみ着のままの風の写真をはりつけた、立派な旅券を持っていた。その旅券からばれるというようなことはまずないものと安心していた。現にフランスの領事館でも、またイギリスの領事館でも、僕自身が出かけて行って、なんのこともなくヴィザをもらってきたのだ。その旅券を、わざわざ余計な手数をかけてまで、見せずに通すほどのこともあるまいと思った。途中での僕の心配はもっとほかのことだったのだ。そしてそれはあらかじめなんともすることのできないことなので、もし間違ったらしかたがないとあきらめるよりほかにしかたがなかった。

しかし、それが無事に行って、フランスにはいりさえすればまず大丈夫だということは、僕も日本にいたときから思わないではなかった。ことにフランスの領事館へヴィザをもらいに行ったときに、受付の男が僕の旅券を受け取ったままちょっと引っこんだかと思うと、すぐにまたそれを持って出てきて、いくらかの手数料と引き換えに渡してくれたのなぞは、その官憲の無造作にむしろ驚かされたほどだった。

このフランスの自由については、その後、船の中ででもだいぶ聞かされた。

「まあフランスへ行ってご覧なさい。自由というものがどんなものか本当によく分かりますよ。」

モスクワ大学出身の女で、かつてパリに幾年か留学したことがあり、その兄が社会革命党に関係していたことから彼女までもツァーの官憲から危険人物扱いされたことがあるという、マダムN〔不明〕がなにかの話から話しだした。彼女はしばらく日本にいて、いま僕と同じようにやはりフランスへ行くのだった。

「まずどこかのホテルへ着いてですね。一番気持ちのいいのは、うその名刺でも本当の名刺でもとにかく名刺を一枚出しただけで、それっきりなに一つ尋ねられることはないんでしょう。日本やロシアではとてもそんなわけには行きませんからね。」

＊

しかるに、このマダムNといっしょにマルセイユに上陸して、あるホテルに着いたとき、フランスのこの自由はすぐさま幻滅させられてしまった。受付の男が活版刷の紙きれを持ち出して、そこへなにか書き入れろという。見れば立派な宿帳だ。しかも日本の宿帳なんかよりよっぽどうるさい宿帳だ。マダムと僕とは顔を見合わした。そして二人でいちいち書き入れていったが、最後のカルト・ディダンティテ（身元証明書）の項で二人とも行きづまった。

「これはなんでしょうね。」

僕はマダムに尋ねた。

「さあ、なんですかね。」

マダムもちょうどそこでペンを休めて考えていたのだ。

「いや、もしカルト・ディダンティテをお持ちでなければ、パスポオル（旅券）でもいいんです。」

二人は番頭にこう注意されながら、まだその「パスポオルでもいいんです」というのがなんのことかよく分からなかった。が、ただそう書き入れればいいのだと分かって、二人は二階の一室へ案内されていった。

マダムはそれだけのことでもういい加減その顔をくもらしていた。が、二人ともまだ、そのカルト・ディダンティテがどんなものかということはちっとも知らなかったのだ。

（前の「日本脱出記」の中では、パリではじめてこのカルト・ディダンティテの問題にぶつかったようにいってあるが、あのときにはまだどこをどうしてフランスにはいったかをその筋に知られたくなかったので、わざとああ書いたのだった。）

その翌日（これも今となってはその日にちを明らかにしてもいいのだが、僕は一月五日にフランス船のアンドレ・ルボンというのに乗って上海を出て、二月十三日にマルセイユへ着いたのだった）、僕はマダムと別れて、リヨンへ行った。そこには僕の仮国籍〔中国〕の同志が数名いて、僕はそれらの人たちにあてた上海の同志からの紹介状を持っていたのだ。そしてヨーロッパにいる間その国籍の人間として通っていくには、まずそこの同志のいろんな厄介にならなければならなかったのだ。

僕はパリへの旅を急いでいた。そしてこのリヨンには、またあとでゆっくり来るとしても、こんどは一晩か二晩泊まってすぐパリへたつ予定でいた。が、リヨンの同志はそれを許さなかった。

「ここには大勢僕らがいて、いろいろと便宜があるんだから、ここを君の居住地ときめておいて、まずカルト・ディダンティテをもらって、それからどこへでも行くといい。」

というんだ。僕はシナからフランスにくるという旅券しか持っていないので、さらにフランスからヨーロッパ諸国へまわる旅券をもらう必要があった。そしてそれにはなによりもまずこのカルト・ディダンティテが必要なのだ。それに、フランスに二週間以上滞在する外国人は、すべてその居住地の警察のカルト・ディダンティテを持っていなければならないのだ。そしてどこへ行くんでも、いつでも、かならずそれを身につけていなければならないのだ。それがなければ、すぐ警察へ引っぱっていかれて、もし申しわけが立たなければ、すぐさま罰金か牢だ。そしてそのうえになお追放とくる。

「まあ、犬の首輪と同じようなものさ。」

と、同志のA〔不明〕は説明して聞かせながら、ポケットから自分のカルト・ディダンティテを出して見せた。写真もはりつけてある。両親の生年月日までもはいっている。そしてそれにフランス人が二人と同国人が二人保証人に立っている。

このカルト・ディダンティテをもらうのに一週間ほどかかった。そしてその間に僕は、ある日、新聞で見たその晩のフランス人の同志の集会に案内してくれないかと頼んだ。が、それもやはりAらに許されなかった。そんなとこへ行こうものなら、すぐあとをつけられて、カルト・ディダンティテはもとより、ヨーロッパ歴遊のパスポオルも、また僕自身のからだも、どうなるか分からんとおどされた。

＊

ここにおいて、はじめて僕は、戦後〔第一次世界大戦後〕のフランスの反動主義がどんなものかということが本当に分かった。そしてこのフランスにはいればもう大丈夫などころではなく、かえって危険がすぐ目の前にちらついているように感じた。

2

手帳のようなものになっているカルト・ディダンティテの終わりの幾ページかは、出発、到着、帰還の二字ずつをいくつも重ねた表で埋まっている。要するに、その居住地からどこかへ旅行するには、いちいちそれを警察へ届け出て、その判を押してもらわなければならないのだ。が、僕はそんな面倒はよして、すぐパリへ出かけた。そしてベルヴィルのフランス無政府主義同盟へ行くと、そこは「日本脱出記」に書いたような警戒ぶりなのだ。

さらにまた、同盟の事務所からごく近くのホテルに泊まると、そこでは普通に宿帳を書かした上に、カルト・ディダンティテの本物を見せろとまでいうのだ。

僕はいよいよあぶないと思った。そしてリヨンからいっしょにきたシナの一同志〔章警秋〕と、パリの郊外や少し遠い田舎にいるやはりシナの同志らを訪ねまわって、四、五日して帰ってくると、僕らをその宿へ案内した、そして自分もそこに下宿していたイタリアの若い女の同志が、急いで引越し仕度をしていた。警察がうるさくするので逐《お》い出されるのだという。リヨンの同志はすぐ帰った。僕はその女と相談して、どこかもっと安全な宿を探してもらうことにきめた。そしてその晩はいっしょに同盟の機関『ル・リベルテール』の催しの民衆音楽会へ行った。会場のC・G・T・U（統一労働総同盟）事務所の入口の前には、一〇名ばかりの制服の憲兵が突っ立っていた。

その翌日、ル・リベルテール社へ行っていると、痩せこけて、髪の毛や鬚をぼうぼうのばして、今にも倒れそうになってはいってきた男があった。口もろくにはきけない。よく聞いてみると、ハンガリーの同志で非軍備運動のために六カ月牢に入れられて、出るとすぐひそかにフランスに逃げこんだのだが、パスポオルのないためにまた捕まって三カ月牢に入れられて、きょう放免とともに追放になったんだという。

その晩は前から会うはずになっていたロシアの若い同志を訪ねた。いくら室の戸をノックしても返事がない。いないのかなと思いながらまた念のためにノックしたら、ちょっと待ってくれという慄《ふる》え声の声がする。やがて戸が開いてその同志は僕の顔を見るといきなり飛びついてきて抱きしめた。どうしたんだと聞くと、いや、実は、いよいよきたんだなと思って捕まる準備をしていたんだといって笑いだした。この男も旅券なしで、ロシアからドイツに、そしてまたドイツからフランスに逃げてきていたのだ。

このロシアの同志もすぐまたドイツへ逃げ帰ろうというし、僕もこんなフランスに逃げかくれているんじゃしかたがないと思って、それよりはだいぶましらしいドイツへ早く行こうときめた。僕の目的の国際無政府主義大会は、四月一日に、ベルリンで開かれることになっていたのだ。そこでは、本名を名乗らなければならないし、そこで捕まるのはしかたがないとしても、それまでにお上の手にあげられるのは少々癪だと思った。

そこへ日本人の友人のS〔林倭衛《しずえ》・画家〕が訪ねてきた。日本を出て以来、日本人はいっさい禁物として絶対に会わない方針にしていたのだが、このS〔林〕にだけはごく内々で僕のきたことと宿とを知らしてあったのであった。

S〔林〕は、それじゃすぐ引越ししようといって、新しい宿を探しに行った。そしてその日のうちに引越しした。S〔林〕もしばらく田舎へ行っていたのをまた出てきたので、僕といっしょにそこへ宿をとった。

「集会にも出れなければ、ろくに人を訪ねることもできないんじゃ、しかたがない、せめてはパリ第一の遊び場に陣取ってうんと遊ぶんだね。」

二人はそう相談をきめて、モンマルトルの真ん中に宿をとったのだ。そして予定通り昼夜兼行で遊び暮らしながら僕はリヨンからのたよりを待っていた。ヨーロッパ歴遊の新しい旅券が手にはいれば、すぐ知らしてよこすはずになっていたのだ。そして僕はその知らせとともにリヨンに帰って、すぐまたドイツへ出発する手続きにかかるはずだったのだ。

一週間ばかりしてその知らせがきた。まだ遊び足りないことははなはだ足りない。それによ うやくまずこれならと思うお馴染ができかかっていたところなのだ。が、その知らせと同時に、僕にとっては容易ならん重大事がそっと耳にはいった。それは、日本の政府からパリの大使館に宛てて、S〔林〕の素行を至急調べろという訓電がきたということだ。僕はこれはてっきり、S〔林〕を調べさえすれば僕の所在も分かるという見当に違いない、と思った。

（これはあとで、メーデーの日の前々日かに、パリでそっと耳にした話だが、実はそのときすでに、日本政府からドイツの大使館に僕の捜索命令がきて、そしてその同文電報がドイツの大使館からさらにヨーロッパ各国の大使館や公使館にきていたのだそうだ。）

僕もS〔林〕も持っていた金はもう全部費《つか》い果たしていた。が、ようやく借金して、大急ぎで二人でパリを逃げ出した。

＊

S〔林〕はもとの田舎に帰った。僕はリヨンの古巣に帰った。そして、あちこちと歩きまわってきたことなぞは知らん顔をして警察本部へ行ってドイツ行きを願い出た。その許可がなければ、ドイツ領事にヴィザを願い出ても無駄なのだ。

警察本部とはちょっと離れている裁判所の建物の中に、外事課の一部の旅券係というのがあった。そこへ行くと、四、五日中に書類を外事課へまわしておくから、来週のきょうあたり外事課へ行けば間違いなくできているという。で、僕は出立の日まできめて、すっかり準備して、その日を待っていた。ドイツにかんする最近出版の四、五冊の本も読んだ。ドイツ語の会話の本の暗誦もした。おまけに、帰りにはオーストリア、スイス、イタリアとまわるつもりで、イタリア語の会話の本までも買った。

ところで、その日になって警察本部の外事課へ行ってみると、またもとの裁判所の方の旅券係へまわしてあるという。そしてその旅券係では、同じ建物の中のセルビス・ド・シュウルテという密偵局へまわしたから、そこへ行けという。そしてまた、その密偵局では、二、三日中に通知を出すから、そしたら改めて出頭しろという。うんざりはしたが、しかたがないから、帰ってその通知を待つことにした。

二、三日待ったがこない。四日目にとうとうしびれを切らして行ってみると、きょう通知を出しておいたから、あしたそれを持ってこいという。

そのあしたは密偵局でいろいろと取り調べられた。旅券や身元証明書は願書といっしょにさし出してあるんだが、それを見ればすぐ分かることをはじめ、フランスにきてからの行動や、ドイツ行きの目的や、そのほか根ほり葉ほり尋ねられた。たいがいのことはいい加減に辻褄の合うように返事していれば済むんだが、一番困ったのは身元証明書の中に書き入れてあることの調べだ。親爺の名とか母の名とかその生年月日とかは、国での二人の保証人のそれと同じように、みなまったくでたらめのものだった。そのでたらめをいちいち、ちゃんと覚えているのは容易なことじゃない。が、それもまず難なく済んだ。

ただ済まないのは、目的の許可証がいつもらえるかだ。その日には、あさってといわれたので、あさって行ってみると、またあさってこいという。こんどこそはと思って、そのあさって行ってみると、こんどはあしただという。そしてそのあしたがまたあさってになり、そのまたあしたになりあさってになりしていっこう埒があかない。

その間に僕の宿の主人も三、四度調べられた。そして一晩そこに泊まったS〔林〕のことも、いろんな方面から取り調べているようだった。

僕はだんだん不安になりだした。そしていっそのことそんな合法の手続きはいっさいうっちゃって、パリで会ったロシアの同志のようにそっと国境を脱け出ようかと思った。この合法か非合法かの問題は、僕がフランスにきた最初から、僕とリヨンの同志との間に闘わされた議論だった。そんな七面倒臭いカルト・ディダンティテなどはもらわずに、勝手に駈けまわる方がよくはあるまいか、というのが僕の最初からの主張だった。が、もしなにかの間違いがあれば、当然その責任は僕の世話をしてくれたそれらの人たちの上にもおよぶのだからと思うと、僕はいつもその人たちの合法論にふしょうぶしょうながら従うほかはなかった。こんどもまたそうだ。

そして僕は、こうしてほとんど毎日のように警察本部に日参しながら、不安と不愉快との一カ月半ばかりを暮らした。

3

実際いやになっちゃった。

四月一日の大会はまたまた延期となって、こんどは八月というだいたいの見当ではあるが、それもはたしてやれるかどうか分からない。ドイツの同志からは、とてもベルリンでは不可能だ、といってきている。するとヨーロッパのどこに、その可能性のあるところがあるんだろう。ウィーンという一説もあるが、それもどうやらあぶないらしい。

ぐずぐずしている間に、金はなくなる。風をひいて、おまけに売薬のために腹をこわす。無一文のまま、一週間ばかり断食して、寝て暮らした。

ようやく起きれるようになって思いがけなくうちから金がきたと思うと、こんどはまた例の日参だ。あした、あさってといわれるのにも飽きて、少々理屈を並べると、フランス人の癖の両方の肩を少しあげて、「俺あそんなことはなんにも知らねえ」といったまま相手にならない。

その肩のあげかたと、にやにやした笑顔《わらいがお》の癪にさわるったらない。行くたびにむしゃくしゃしながら帰ってくる。

春にはなる。街路樹のマロニエやプラタナスが日一日と新芽を出してくる。僕は郊外の小高い丘の上にいたのだが、フランスの新緑には、日本のそれのようには黒ずんだ色がまじっていない。ただ薄い青々とした色だけだ。その間に、梨子だの桜だののいろんな白や赤の花が点せつする。そして、それを透かして、向こうの家々の壁や屋根の、オランジュ・ルウジュ色が映える。それは、ほんとうに浮き浮きとした、明るい、少しいやになるくらいに軽い、いい景色だ。が、その景色も少しも僕の心を浮き立たせない。

それに、よくもよくも雨が続いて降りやがった。

もうメーデー近くになった。僕はほとんどドイツ行きをあきらめた。そしてひそかにまたパリへ出かけようと決心した。パリのメーデーの実況も見たかった。もう一カ月ばかり続けているミディネット（裁縫女工）の大罷工も見たかった。ついでに今まで遠慮していたあちこちの集会へも顔を出してみたかった。いろんな研究材料も集めてみたかった。また新装をこらしたパリの街路樹の景色も見たかった。女の顔も見たかった。

＊

四月二十八日の夜、僕はリヨンの同志のただ一人にだけ暇乞いしてひそかにまたパリにはいった。そしてル・リベルテール社のコロメルを訪ねて、メーデーの当日、サン・ドニの集会でまた会おうということになった。

メーデーの屋外集会や示威行列は許されてなかった。労働者のプログラムの中にもそれはなかった。共産党の政治屋どもや、C・G・T・Uの首領どもは、警官隊との衝突を恐れて、できるだけの事なかれ主義を執ったのだ。さればその屋内集会も、パリの市内ではわずかにC・G・T・Uの本部の集合一つくらいのもので、その他はみな郊外の労働者町で催された。イタリアの同志サッコとヴァンゼッティとがアメリカで死刑に処せられようとするのに対する、アメリカ大使館への示威運動ですらも、共産党はむりやりにそれを遠い郊外へ持っていったのだった。サン・ドニはパリの北郊の鉄工町だ。そしてそこの労働者は最も革命的であり、そこの集会は最も盛大だろうと予期されていた。コロメルはそこでフランス無政府主義同盟を代表して演説するはずだった。

メーデーの朝早く僕は市内の様子を見に出かけた。が、パリはいつものパリとほとんどなんの変わりもなかった。ただ多少淋しく思われたのは、タクシーが一台も通らなかったくらいのことだ。店はみな開いている。電車も通っていた。地下鉄道も通っていた。

そしてその電車の中は多少着飾った労働者の夫婦者や子供連れで満員だった。僕はこれらの労働者の家族が郊外の集会に出かけるのだとはどうしても考えられなかった。

「おい、きょうはメーデーじゃないか、お揃いでどこへ行くんだい。」

僕はすぐそばに立っている男に話しなれた労働者言葉で尋ねた。

「ああ、そのメーデーのおかげで休みだからねえ。うちじゅうで一日郊外へ遊びに行くんさ。」

その男はあまりきれいでもない細君の腰のあたりに左の手をまわしながら呑気そうに答えた。そしてその右の手にはサンドウィッチや葡萄酒のはいった籠がぶら下がっていた。

僕はその男の横っ面を一つ殴ってやりたいほどに拳が固まった。

あちこちの壁にはられてあるC・G・T・Uのメーデーのびらは、みなはがれたり破られたりしていた。そしてそのそばには「メーデーに参加するものはドイツのスパイだ」というような意味のC・G・T（旧い労働総同盟）のびらが独り威張っていた。

＊

サン・ドニの労働会館は、開会の午後三時ごろから、八百人余りの労働者ではち切れそうになっていた。

演説がはじまった。予定の弁士が相続いて出た。ルール占領反対、戦争反対、大戦当時の政治犯大赦、労働者の協同戦線、というような当日の標語《モットオ》が、いやにおさまり返った雄弁で長々と説明された。聴衆の拍手はだんだん減ってくる。大きな口のあくびが見える。ぞろぞろと出て行くものすらある。

ときどき聴衆の中から、「もういい加減に演説をよしてそとへ出ろ」という叫び声が聞こえる。会のはじまる前に『ル・リベルテール』や『ラ・ルヴィユ・アナルシスト』(無政府主義評論)なぞを会場で売り歩いていた連中だ。が、それに応ずる声も出ない。そして演壇の上からはしきりにその叫び声を制している。

僕はコロメルの演説が済んだら、いっしょにどこかへ行って、ある打ち合わせをするはずだった。が、そんな打ち合わせはもうどうでもいいような気になった。そしてこの「外へ出ろ」の叫びを演壇の上から叫びたくなった。

いよいよコロメルの順番になった。僕はコロメルを呼んで、君のあとでちょっと一言しゃべりたいんだが、と耳打ちした。コロメルはそれを司会者のたぶん共産党のなんとかいう男に通じた。司会者は僕のそばへきて、なにをしゃべりたいのかと聞いた。共産党や無政府党が共同でなにかやるときには、いつもそのときの標語についてだけ演説する約束のあることは知っていた。で、僕はただ、日本のメーデーについて話したい、と答えた。コロメルは僕を日本のサンジカリストだと紹介しただけなので、司会者は僕の名もなんにも知らなかったのだ。

コロメルの演説の間、僕は草稿をつくっていた。そしてその演説の終わりごろに演壇の上の弁士席についた。コロメルがルール占領の張本人である王党の一首領を暗殺した若い女の無政府主義者ジェルメン・ベルトンの名をあげてなにかいったとき、演壇近くにいた四十ばかりの一人の女工らしいのが涙を流し流し、泣き声で「セエサ、セエサ」(そうです、そうです)と叫んでいた。

僕は司会者に言った通り、日本のメーデーについて話した。

「日本のメーデーはまだその歴史が浅い。それに参加する労働者の数もまだ少ない。しかし日本の労働者はメーデーのなんたるかはよく知っている。」

「日本のメーデーは郊外では行われない。市の中心で行われる。それもホールの中ででではない。

雄弁ででではない。公園や広場や街頭での示威運動でだ。」

「日本のメーデーはお祭り日ではない。×××××。××××××××××××××××××××××××××。」

「××××××××飛ぶ。×××××××光る。」

僕の多少誇張したこの「日本のメーデー」は、わずか二、三十分ながら、とにかく無事で終わった。そしてさっきの四十女がときどき「セエサ、セエサ」と叫んでいるのが目にも耳にもはいった。

＊

そして僕は演壇を下がって、「そとへ出ろ、そとへ出ろ」という叫び声を聞きながら、一人でそとへ出ようとしたところへ、四、五人の私服がぞろぞろとやってきて、「ちょっとこい」ときた。

4

警察はすぐ近くだ。僕は手どり足どり難なく引っぱって行かれた。

やがて警察の前で多勢のインタナショナルの歌が聞こえた。叫喚の声が聞こえた。警察の中庭に潜んでいた無数の警官が飛び出した。僕は警察の奥深くへ連れこまれた。

(これはあとで聞いた話だが、会場の中の十数名の女連が先頭になって、ただ日本の同志だというだけで名もなんにも分からない僕を奪い返しにきたのだそうだ。そして警察の前で大格闘がはじまって、女連はさんざん蹴られたり打たれたりして、その結果百人ばかりの労働者が拘引されたのだそうだ。警察の中ででもなぐったり蹴ったり、怒鳴りわめいたりする声が聞こえた。)

僕は国籍も名もなんにもいわなかった。旅券も身元証明書も、そんな書類はなんにも持っていないと言いはった。その他の取り調べに対してはほとんどなんにも答えなかった。

が、やがてそこへコロメルがはいってきた。僕をもらいにきたのだ。そして僕に旅券通りの名をいうようにと勧めて行った。そのあとへまた、司会者の男が二、三名の連れといっしょにやってきた。そしてやはりまた同じようなことを勧めた。要するになんでもないことなんだから、名さえいえば帰されるというのだ。

僕はちょっとのすきをうかがって、ポケットの中の手帳を司会者の手に握らした。それは一度警官の手に取りあげられたんだが、司会者らのはいってきたどさくさまぎれにまた取り返しておいたのだった。が、また取り調べがはじまったとき、一人の私服がその手帳のないのに気がついた。そして僕を責めた。僕は知らないとがんばった。すると、もう一人の私服が、それじゃきっとさっきのムッシュなんとか(司会者の名だ)に渡したんだろうから、行って取ってこようといいだした。

「なあに、もう持っているもんか。だれかほかの人間に渡しちゃったよ。」

最初の私服がそういってあきらめているらしいのに、もう一人の奴は「でも」とかなんとかいって出て行った。そしてやがてそれを本当に持って帰ってきた。最初の私服は大喜びでそのページをめくりはじめた。

それを一枚一枚よく調べて行けば、どこかに僕の偽名が出てくるのだ。少なくとも、なにかの際の覚えにと思って書きつけておいた、カルト・ディダンティテの中のでたらめ、たとえば僕の両親の名や年齢なぞが出てくるのだ。それでなくとも、それからそれへの手づるはいくらでも出てこよう。僕は警察へ引っぱりこまれるとすぐ、水を飲ましてくれといってうんと飲んだうえに、さらに小便が出るといって便所へ行って、まず第一にそれを破り棄てようと思ったのだった。が、その中にはいっている名刺や紙きれを破っている間に巡査にこられて、それを果たすことができなかった。

しかたがない。まだ少し早すぎるようだが、とにかくみんなの勧めに任して、偽名通りの名をいってしまおう。僕はそうきめて、某国〔中国〕の某というものだと答えた。そして旅券や身元証明書は、ドイツ行きの許可証をもらうためにリヨンの警察本部にあずけてあると事実ありのままをいった。職業は新聞記者だ。主義はサンジカリズムだ。なぜ日本人だと紹介したというから、日本には長くいてその事情にも詳しいし、日本の話をするには日本人だといった方が効果が多かろうと思ったからだと答えた。

それで、リヨンの警察へ問い合わせられてその実際が分かり、本当になんでもなくって放免されるならそれもよし、そうでなくってこの上なんとかされるなら、それももうしかたがないと思った。

＊

一応取り調べは終わった。もう、とうに夜になっていた。

一人の私服がちょっと室のそとへ出たかと思うと、すぐ四、五人の荒くれ男の制服がやってきて、いきなり僕の両手を鎖でゆわえつけて、引っぱり出した。

「いよいよ監房かな。」

と思っていると玄関の方へ連れて行かれて、そこには一台の大きな荷物自動車と一〇人ばかりの巡査とが待っていた。そして、しゃにむに僕をその箱の中に押しあげて、十幾人かの巡査どもが続いて乗りあがるとすぐ自動車は走りだした。

高い屋根のある大きな箱だ。中は真っ暗だ。僕は両手をゆわえられ、両腕や肩を握られながら、その片隅にあぐらをかいていた。

おりおり奴らの吸う煙草のあかりで、奴らの顔が見える。どうもヨーロッパ人くさくない面つきの奴が多い。あるいはアフリカあたりの植民地の蛮民か、それと植民地の兵隊との合の子か、と思われるような奴らだ。奴らはみな今どこかで喧嘩でもしてきたような、ひどく昂奮した勢いでいた。そしてなんだかわけの分からない言葉でキャッキャッと怒鳴っていた。

やがて、僕の一方の肩をつかまえていた奴が、熊のような唸り声を出して、僕の肩をこづきはじめた。僕は形勢不穏と見てとって眼鏡をはずしてポケットに入れた。すると、僕のすぐ前にいた奴が、狐のような声を出しながら、僕の顔をげんこで突っつきはじめた。そして、

「この野郎、殺しちゃうぞ」とか、

「シナ人のくせにしやがって」とか、

「ドイツ人に買われやがったな」とかいう。

多少はっきりしたフランス語のほかに、なんのことも分からない、あるいは熊のような、あるいは猿のような、あるいは狐のような、いろんな唸り声や鳴き声が、僕の上に浴びせかけられた。

中には、サックの中からピストルを出して、それで僕の額を突くやら、剣を抜いて頭をなぐる奴まで出てきた。

しかし行く先はつい近くだったものと見えて、自動車はすぐにとまった。そして奴らは半分

は前から僕を引きずりおろしながら、そして半分はうしろから僕をなぐるやら蹴るやらして、ある建物の中に押しこんだ。そこは同じサン・ドニの、ただ南北の区の違う、別な警察だった。そして入口のすぐ奥の広い室にはいると、そいつらが一どきに僕に飛びかかってきて、ネクタイやカラや腰のバンドや靴ひもを引きちぎって、そのまた奥の監房の中へ押しこんでしまった。

僕はそのままぐっすりと寝た。

＊

翌日は朝早く二人の私服に護送されて、こんどは普通の自動車で警視庁へ行った。

一日またきのうと同じようなことの取り調べだ。そして僕が前にパリにいたときの宿屋をいつまでもがんばって言わなかったら、四、五人でいっしょに自動車に乗っけて、どこへ行くのかと思ったら、いちいち僕のもといた宿へ寄って、そこの主人やお神に顔を確かめさせた。みんなもう知っていやがったんだ。

そして帰ってくると、外事課の大きな室のそばに一室を構えている、たぶん課長だろうと思う、警視が、

「君は大杉栄というんだろう。」

と図星を指しやがった。そこまで分かっているんなら、もう面倒臭い、なにもかも言ってしまえときめた。

その警視がなにかの用でちょっとほかへ行っている間に、さっき自動車でいっしょに行った私服の一人が、

「日本でも、うんとメーデーをやったようだから安心したまえ。」

といいながら、共産党の日刊新聞『リュマニテ』のある小さな一部分を指さして見せた。「数十名の負傷者あり」というような文句がちらりと見えた。また、サン・ドニの僕のことにかんする一段あまりの記事も見えた。

それにはもとより僕の本名は出していなかった。それがどうして分かったのかよく分からなかったが、あとで聞くと、日本の大使館からあるいは僕じゃあるまいかというのでだれかやってきたのだそうだ。そしてその前か後か知らないが、内務省の役人一人と兵庫県の役人一人と都合二人で、僕を探しにパリにきていたのだそうだ。

その私服は、まだ若い男だったが、その前後にもよくいろいろと親切にしてくれた。そこへくる途中で買った煙草がもう無くなって困っていると、フランス出来のいやな煙草ではあるが、

自分の持っているのを箱のままくれたりもした。また、あとでスペインの国境に向けて追放されようとしたときにも、マドリッドよりもバルセロナの方に君らの仲間は多いんだからといって、わざわざ地図や時間表などを探してきて、そこへ行く道筋や時間を教えてくれたりもした。が、その男のほかにもう二、三人代わる代わる僕のそばへきて番をしている私服がいたが、そいつらの一人は実にいやな奴だった。

「おい、わざわざリヨンから出てきて演説したんだから、だいぶもらったろう。」

というようなことを、たぶん戦争で受けた傷だろうと思う口のそばの大きな傷あとを妙に下卑て動かしながら、その口先をすぐ僕の顔近くまで持ってきて尋ねてみたり、また、

「おい、これはドイツで買ったんだろう。」

といいながら、僕がシンガポールで買ってきた、しかもイギリスのセフィルド製のマークのついているナイフを取りあげて、いつまでもそうがんばっていたりした。そしてこれもドイツで買ったのだといって、それと同じようなのを出して見せたりした。それがその証拠だというんだ。そして僕はドイツ政府から金をもらってフランスの労働者を煽動しにきたのだというんだ。

その他あんまりうるさい馬鹿なことばかりをいいやがるんで、お前のような奴とは話しはごめんだ、あっちへ行ってくれ、といったら、大きな握拳を僕の顔の前に突き出して、

「このボッシュ（ドイツ人）の野郎！」

と怒鳴っておどかしやがった。

「うん、なぐるならなぐってみろ。」

僕も少々癪にさわったんで、そういって身構えしたが、さっきの私服がやってきてそいつをほかの室へ連れ出した。

本名をあかしたあとの取り調べはごく簡単に済んだ。そして僕は一人の私服に連れられて、ほかの建物の中の五階か六階かの上の方へ連れて行かれた。そこで裸になって、身体検査を受けて、写真をとられるのだ。

日本の警視庁では身長や体重を計って指紋をとるくらいのことだが、フランスではさすがもっと科学的に、頭蓋の大きさや長さを人類学的に調べた。そして指を延ばした手と前腕との長さまでも計った。写真も、横向きになって椅子に坐るとその椅子が自然に回転して、正面に向くまでの間の全瞬間を活動式にとる仕掛けになっていた。

それが済むと、また別な建物の予審廷へちょっと行って、判事のごく簡単な取り調べのあとで、またもとの建物の下の監房へ連れて行かれた。持ちものはみんな取りあげられたが、ただ煙草とマッチだけは持たしてくれた。

僕はこの二つのことに感心しながら、すぐベッドの上に横になって煙草をふかしているうちにいつの間にか眠ってしまった。

だいぶ疲れてもいたんだろうが、警察や警視庁の留置場へぶちこまれたときにはすぐ横になって寝てしまうのが、僕の長年の習慣になっていたのだ。

5

その翌日、すなわち三日の朝には、一五、六人の仲間(?)といっしょに、大きな囚人馬車二台でラ・サンテ監獄に送られた。

ラ・サンテ監獄は、未決監であるとともに、また有名な政治監なのだ。僕がまだ途中の船の中にいた頃に、どこでだったか忘れたが、フランスからの無線電信で、首領カシエンをはじめ十幾名の共産党員がそこに押しこめられたことを知った。それもまだいるはずだった。また、僕がフランスにきてからも、その以前からいる幾名かとともに、十数名の無政府主義者がそこにはいっていた。

＊

煙草とマッチとはやはりまた持ってはいらした。そして日本だと、星形の建物の真ん中のいわゆる六道の辻から布団をかつがして行くのだが、ここではいずれも薄汚い寝まきのシャツらしいのと手拭らしいのとを持たして行く。

僕は監獄の冷やかしのような気になって、広い廊下の右や左をうろうろ眺めながら、看守をあとにして歩いて行った。

僕の室は第一〇監第二〇房という地並みの大きな独房だった。二間四方だから、ちょうど、八畳敷だ。それに窓が大きくて明るい。下の幅が五尺くらいで、それが三尺くらい上までそのままで進んで、その上がさらに二尺くらい半円形に高くなっている。

こんな大きな窓は、僕が今まで見たあちこちのホテルでも、一流の家のほかは滅多になかった。もっとも、惜しいことには、それがようやく目の高さくらいの上の方からはじまってはいたが。

その後、運動のときに知ったんだが、こんな窓は地並みの室だけで、二階三階四階の室々のはその半分より少し大きなくらいだった。

窓からはすぐそばに高い塀が見えて、その上からそとのマロニエの梢が三本ばかりのぞいていた。もう白い花が咲いていた。

西向きのこの窓の左には壁にくっついて小さな寝台が置いてあった。ちゃんと毛布を敷いてあったが、ちょっと腰をかけてみてもスプリングはかなりきいていた。毛布も僕が前にいたベルヴィルの木賃宿のよりはよほどよかった。

右側の壁には、やはりそれにくっついて、テーブルが備えつけてあった。そしてその前には、行儀よく、木の椅子が坐っていた。

このテーブルに向かって左の入口の方の壁には、二つの棚が釣ってあって、そこに茶碗だの、木のスプーンだの、やはり木のフォークだのが置いてあった。

そして同じ壁の入口の向こうの、寝台の足の方の隅には、上に水道栓が出ていて、その真下に白い瀬戸物の便所が大きな口を開いていた。便所の上で食器も洗えば、顔も洗える仕掛けになっているのだ。これだけは少々閉口だなと思った。

床板はモザイクまがいに、小さな板きれをジグザグに並べた、ちょっとしゃれたものだった。なるほどこれなら、アナトール・フランスのクレンクビユが、「床の上で飯を食ったっていいや」といったのももっともだと思った。そして、いつかパリで見たクレンクビユの活動写真で、このボテふりの親爺がはじめて牢に入れられて、ポカンとした、しかし嬉しそうな顔をしながら室の中を眺めまわしている姿を思い出した。

僕はまずこの室がひどく気に入ってしまった。そしてひと通りの検分が済むと、さっきスプリングを試してみた寝台の上にごろりと横になって、煙草に火をつけた。

＊

しばらくすると、看守が半紙二枚くらいの大きさの紙を持ってきて、それをテーブルの上の壁にはりつけて行った。

活版刷りだ。「酒保売品品目および価格」と大きな活字で刷って、その下に「消耗品」と「食品」との二項を設けて、いろいろと品物の名や値段を書きつけてある。

インキ、紙、ペン、頭のブラシ、着物のブラシ、鏡、石鹸、スポンジ、ポマド、タオル、巻煙草、葉巻、刻み煙草というように、普通の人間の日常いるものはたいがいならべてある。

また、パン、ビフテキ、ローストビーフ、ソーセージ、オムレツ、ハム、サーディン、マカロニ、サラダ、キャフエ、チョコレート、バター、ジャム、砂糖、塩、米というように、普通の食品を二〇ばかりならべたうえに、なお数種の果物と葡萄酒とビールとまでがはいっている。

そしてそのうえになお、毎日酒保から食事をとりたいもののために、一週間の朝晩の献立表が出ている。ちょっとうまそうな御馳走が一品ずつならべられて、それでもまだ足りないもののために、夕飯にはもう一品ずつの補いを付け足している。

もっとも、これはすべて未決の人間にだが、しかし既決の囚人にでもほんの少々の制限があるだけのことだ。たとえば、一週間に三回しか肉類の御馳走は与えないとか、葡萄酒やビールには一日六〇センチリットルを超えてはいけないとかいうくらいのものだ。

僕はさっそく入口の戸を叩いて、廊下の看守を呼んだ。そしていろんな日用品を注文したうえに、食事も毎日とってくれるようにと頼んだ。

「それはうちのレストランからかい、それともそとのレストランかい。」

兵隊あがりらしい、面つきやからだは逞ましいが、そしていつも葡萄酒の酒臭い息を吐いているが、案外人のよさそうな看守が、よほど注意して聞いていないと分からないような変なまりのフランス語で尋ねなおした。

僕はうちのよりもそとの方がいいんだろうと思って、そとのだと答えた。

すると、やがて普通のレストランのボーイのような若い男がやってきて、メニュの小さな紙きれを見せて、昼食の注文をしろという。見ると、一〇品ばかりいろいろならべてある。僕はその中から四品だけ選んで、なお白葡萄酒のごく上等な奴をと贅沢をいった。ボーイはかしこまって引き下がった。

僕はすっかりいい気持ちになってしまった。この分だと、月に四、五〇円もあれば、呑気にこうして暮らして行けそうなのだ。

＊

が、その白葡萄をちびりちびりやりながら、昼飯の四品を平らげて、デザートのチョコレートも済んで、また寝台の上で、こんどは葉巻を燻らしていると、はじめてでもないが、とにかくうちのことを思い出した。

もう今ごろは新聞の電報で僕のつかまったことは分かっているに違いない、おとなどもはとうとうやったなくらいにしか思ってもいまいが、子供は、ことに一番上の女の子の魔子は、みんなから話されないでもその様子で覚って心配しているに違いない。

いつか女房の手紙にも、うちにいる村木（源次郎）がだれかへの差し入れの本を包んでいると、そばから「パパにはなんにも差し入れものを送らないの」とそっと言ったとあった。彼女をだますようにして幾日もそとへ泊まらしておいて、その間に僕が行方不明になってしまったもんだから、彼女はてっきりまた牢だと思っていたのだ。そして、パパは？　とだれかに聞かれても黙って返事をしないか、あるいはなにかほかのことを言ってごまかしておいて、ときどき夜になるとママとだけそっと何気なしのパパのうわさをしていたそうだ。僕はこの魔子に電報を打とうと思った。そしてテーブルに向かって、いろいろ簡単な文句を考えては書きつけてみた。が、どうしても安あがりになりそうな電文ができない。そしてそのいろいろ書きつけたものの中から、次のような変なものが出来あがった。

魔子よ、魔子
パパは今
世界に名高い
パリの牢やラ・サンテに。
だが、魔子よ、心配するな
西洋料理の御馳走たべて
チヨコレトなめて

葉巻スパスパ　ソファの上に。
そしてこの
牢やのおかげで
喜べ、魔子よ
パパはすぐ帰る。

おみやげどっさり、うんとこしょ
お菓子におべべにキスにキス
踊って待てよ
待てよ、魔子、魔子

そして僕はその日一日、室の中をぶらぶらしながらこの歌のような文句を大きな声で歌って暮らした。そして妙なことには、別にちっとも悲しいことはなかったのだが、そうして歌っていると涙がほろほろと出てきた。声が慄えて、とめどもなく涙が出てきた。

＊

しかし僕も、はいったはじめから出るときまで、こんな御馳走ばかり食べていたのではない。ちょうどはいる前の日に、『東京日日』の記者〔井沢弘〕から原稿料の幾分かをもらっていたものだから、二、三カ月はどんなに贅沢をしたところで大丈夫だと思っていると、四、五日して看守がもう僕のあずけ金《かね》がないと言ってきた。そんなはずはない、と言いはってなお調べさせてみると、はいるときに持っていた金の大部分は裁判所で押さえてしまったのだと分かった。やはりドイツからでももらった金だと見たのだろう。

しかたがない。それからは当分牢屋の食べものでがまんした。

朝八時ごろになると、子供の頭くらいの黒パンを一つ、入口の食器口から入れてくれる。黒パンであるうえに、さらに真っ黒に焦げつかして、まだ少し暖かみがある。が、味はない。ぼそぼそもする。僕は二た口か三口でよした。

前にベルヴィルの貧民窟にいたとき、自炊をして、よく近所のパン屋へパンを買いに行ったのだが、黒パンはどこのパン屋にもつい見かけたことがなかった。パリではそんなパンを食う人間はまずないのだ。

それから一時間か二時間すると、大きな声で「スウプ！　スウプ！」と怒鳴りながら、ガラガラ車を押して、そのいわゆるスウプをくばって歩く。アルミのどんぶりの中に、ちょっと塩味のついた薄い色の湯がいっぱいはいっていて、上に膏《あぶら》がほんの少々ながらきらきら浮いてい、下には人参の切れっぱしやキャベツの腐ったような筋が二つ三つ沈んでいる。これもはじめの日にはちょっと舐めてみたきりでよした。

さらに午後の三時から四時ごろになると、やはり同じようなどんぶりに、こんどは豆の煮たのを持ってきた。そしてその次の日にはジャガ芋の煮たのを持ってきた。僕は豆も芋も好きなので、これだけははじめから食った。そしてさらにその次の日には、米のお粥の中に牛肉のかなり大きな片《きれ》のはいっているのを持ってきた。が、その肉はとても堅くて、噛んだあとは吐き出さずにはいられなかった。

このお粥と肉は一週に二度ついた。

これが牢屋の御馳走の全部なのだ。最初の間はそんな風でろくに食べずにいたが、しかしそれでは腹がへってしかたがないので、辛抱しいしいだんだんに食っていった。そしてしまいには、一日分のはずの黒パンもくるとすぐにみな平らげてしまい、二度のどんぶりもきれいに舐めずってしまったが、やはりまだそれだけでは腹がへってしかたがなかった。そしてお湯一つくれないので、つい幾度となく水道の水をがぶりがぶりとやっていた。

6

はいった翌日、トレスという弁護士から手紙がきた。共産党のちょっとした名士で、いろんな革命派の人びとの弁護をいつも引き受けている弁護士だ。僕も名だけは知っていた。コロメルが頼んだのだ。

「予審判事へ僕が君の弁護を引き受けたことを知らしてくれ。そしてもし予審廷へ不意に呼ばれるようなことがあったら、僕が立ち合いのうえでなければいっさい訊問に応ずることはできないと言え。」

この手紙は封じたままで僕の手にはいった。僕はそれもおもしろいと思ったが、それよりもなおこの「立ち合いのうえでなければ」というのがおもしろいと思った。

僕はすぐ判事と弁護士とに手紙を書いた。判事の方のは開き封のままだが、弁護士への分はやはり封じて出せとのことだった。

その後トレスが面会にきたが、弁護士との面会は監視の役人なしだった。お互いになにを話そうと、なにを手渡ししようと、勝手なのだ。

これなら、金さえあれば、いくらでも、偽証もでき、また証拠の湮滅《いんめつ》もできそうだ。泥棒がその盗んだ金を弁護士に払って、それで無罪になって、また新たに弁護士に払うための新しい金もうけの仕事にとりかかるようなことができそうだ。

＊

差し入れの食事もとれず、煙草も買えず、読む本もなし、となってからは、毎日ただベッドの上で寝て暮らした。よくもこんなに寝れるものだと思ったくらいによく寝た。真っ昼中、寝床の中へなぞはいっていては悪いんじゃないかしらとも思ったが、叱られたら叱られたそのときのことと思って、ずうずうしく寝ていた。

が、日本の牢屋とは違って、看守は滅多にのぞきにこなかった。朝起きるとすぐ、それもなんの相図も号令もないのだが、看守が戸を開けて、中のごみを掃き出させる。それがひとまわり済むと、運動場へ連れて出た。それからは前に言った三度の食事に食べものを窓口まで持ってくるほかには、ほとんどだれもやってこない。日本のようには、朝晩のいわゆる点検もない。

ただ、夕方一度、昼の看守と交代になる夜の看守がちょっと室の中をのぞきにくるくらいのものだ。

看守されているんだというような気持ちはちっともしない。本当に一人きりの、なんの邪魔するものもない、静かな生活だ。

しかし、そうそう寝てばかりいれるものでもない。ときどきは起きて、室の中をぶらぶらもする。そのときの僕の呑気な空想を助けたものは、四方の壁のあちこちに書き散らしてある落書だった。

たいがいはみな同じ形式のもので、

René de Montmartre（モンマルトルのルネ）

tombé pour vol（窃盗のために捕まる）

1916（一九一六年）

とあるようなのが普通で、そのルネという名がマルセルとなったり、モオリスとなったりして、そしてそのモンマルトルというパリの地名は多くはそれか、あるいはモンパルナスだった。

そこは、ちょうど本所とか浅草とかいうように、そういう種類の人間の巣窟なのだろう。

また、その名前の下に、

dit l'Italien（通り名、イタリア人）

dit Bonjours aux amis（通り名、友だちによろしく）

というようなあだ名がついていた。このあとのは殺人犯だったが、まだ同じ殺人犯の男で、「鉄腕」というあだ名があったり、その他いろんなのがあったが、今はもう忘れてしまった。

その他にもまだ、

Encore 255 jours à taire.（まだ二百五十五日だんまりでいなくちゃならない）

Vive décembre 1923.（一九二三年十二月万歳）

といったように、放免の日を待ち数えたのや、また、

Ah! 7! Perdu!（ああ、七だ、おしまいだ！）

と書いて、そのそばに四の目の出た骰子《さい》と三の目の出た骰子と二つ描いてあるのもあった。

なにか不吉の数なのだろう。

それから、これは日本なぞではちょっと見られないものだろうが、

Riri de Barbes（なんとかのようなやくざ者の）

Fat comme poisse（バルブのリリ）
Aime sa femme（その妻）
dit Jeanne.（ジャンヌを愛する）
というのや、また、
Emile（エミル）
Adore sa femme（命にかけて）
pour la Vie.（その妻を恋いあこがれる）
という熱心なのもあった。
Ce qui mange doit produire（食うものは生産せざるべからず）
Vive le soviet.（ソヴィエト万歳）
とあって、その下にわざわざボルシェヴィキと書いてあるのもあった。
僕も一つおもしろ半分に、
E. Osugi.（エイ・オオスギ）
Anarchiste japonais（日本無政府主義者）

Arrêté à S. Denis（サン・ドニにて捕わる）

Le 1 Mai 1923.（一九二三年五月一日）

と、ペン先で深く壁にほりこんで、その中へインキをつめてやった。

＊

予審へは一度呼び出された。

まだ弁護士のこない間に訊問をはじめようとしたので、さっそく例の手で両肩をあげて見せた。判事はあわてて書記に命じて弁護士を探しにやった。

取り調べは実に簡単なものだった。というよりもむしろ、大部分は判事と弁護士との懇談のようなものだった。

警視庁からの罪名書きには、暴力で警官に抵抗したという官吏抗拒罪や、秩序紊乱罪や、旅券規則違反罪や、浮浪罪などというういろんなでたらめが並べてあったが、予審判事はその中の旅券規則違反についてのことだけしか尋ねなかった。そうする方が一番面倒もなかったのだろう。

＊

そしてどこからどう聞いてきたか、あなたのお父さんは陸軍大佐だったそうですね、といったようなことをだいぶ丁寧に聞いた。実は少佐なのだが、せっかくそんなに大佐をありがたがっているものならそう思わしておけと思って、僕もそうですとすまして答えた。その他にも、もと相当な社会主義者で東洋方面の社会運動に詳しい、そして今は保守党の『レクレール』という日刊新聞の主筆になっているなんとかいう男が、僕のことをだいぶえらい学者ででもあるかのようにその新聞で書き立てたそうなので、判事もだいぶ敬意を払っていたのだそうだ。

*

最初、弁護士の話しでは、裁判所側はリヨンの方やその他いろんな方面を取り調べなければならんので、公判までにはまだ一、二カ月かかるだろうということだったが、予審の日に弁護士が保釈を請求して、いろいろ判事と懇談の末、保釈は却下されることとなってその代わりすぐ公判を開くことに話しがついた。

公判は、予審の調べから一週間目の、五月二十三日に開かれた。

一四、五人の被告がボックスの中に待っている間に、傍聴人がぞろぞろと詰めかけて、やがてリンの響きとともに、よぼよぼのお爺さん判事が三人とそのあとへ検事とがはいってきた。

裁判官らのうしろの壁には、正義の女神の立像が、白く浮きぼりに立っていた。

裁判長はすぐそばにいる僕らにすらもよく聞きとれないような、歯なしのせいのただ口をもぐもぐするような口調ですぐ裁判をはじめた。

「お前はいつ幾日どことかでなんとかしたな。……よろしい。それでは……」

とちょっと検事の方を向いて、そのうなずくのを見ると、こんどは両方の判事になにか一言二言いって、

「それでは、禁錮幾カ月、罰金いくら。その次はなんのだれ……」

というような調子で、一瀉千里の勢いで即決していく。

僕の番は六、七人目にきたが、やはりそれと同じことだった。

「お前はいつ幾日か、にせの旅券とにせの名前でフランスにはいったに相違ないな。」

「そうです。」

「それについて別にいうことはないか。」

「なんにもありません。」

「それじゃその事実を全部認めるんだな。」

「そうです。」

それで問答はおしまいだ。検事はなにもいうことがないと見えて、黙って裁判長にうなずいた。

そして弁護士が二十分ばかりそのお得意の雄弁をふるったあとで、

「よろしい。禁錮《きんこ》三週間。罰金いくらいくら。次はなにのだれ……」

裁判長がそう判決を言い渡すと、僕らのうしろに立っていた巡査の一人が、さあ行こうといっていっしょにそとへ連れて出た。

フランスでは、未決拘留の日数は三日間をのぞいたあとをすべて通算する。で、僕はその日に満期となって、翌日は放免のわけだ。

あっけのないことおびただしい。

*

裁判所の下の仮監では、この日同じ法廷で裁判される四、五人の男といっしょにいた。

裁判のはじまるのを待つ間、みんなガヤガヤと自分の事件についての話しをしあっていた。

実はこうこうなんだが、そこをこういってうまく逃げてやろうと思うんだとか。いや、実につまらん目にあいましてな、こうこういうつもりのがついこんなことになってしまいましてとか。

なあに、そんなことならなんでもない、せいぜい三月か四月だとか。話しは日本の裁判所の仮監のとちっとも違いはない。そしてそのたいがいは、何百フランとか何千フランとかをどうとかしたという、金の話ばかりだ。それも、ちょっとした詐偽だとか、費いこみだとかの、ちっともおもしろくない話ばかりだ。

で、僕は黙って、薄暗い室の中の壁の落書を、一人で調べていた。

A bas l'avocat officiel!（くたばっちゃい官選弁護士の野郎）

というのが二つ三つある。その他は牢屋の監房で見たのと同じようなことばかりだ。女房のだれとかを恋するとか、生命《いのち》にかけてブルターニュ女のだれとかを崇めるとかいうのも、いくつも書いてあったが、その女房かブルターニュ女かの肖像をなかなかうまく描いているのもあった。変な猥褻な絵もあった。

そんなのをいちいち詳細に読んでいく間に、

「おい、君はなんだ、泥棒か。」

と、僕の肩を叩く奴がある。さっきからしきりに、みんなに、君は幾カ月、君は幾カ月と刑の宣告をしている、前科幾犯面の奴だ。

「あ、まあそんなものだね。」

といい加減にあしらってやると、

「そうか、なにを盗んだんだ。君は安南《アンナン》〔ベトナム〕人か。」

とまた聞く。そうなってくるとうるさいから、僕も、

「いや、僕は日本人だ。」

と、こんどは本当のことをいう。

「日本人で泥棒？　そりゃ珍しいな。いつフランスへきたんだい？」

前科幾犯先生はますますひっこく聞いてくる。僕はこの上うるさくなってはと思って、

「まだきたばかりさ。そしてメーデーにちょっと演説をして捕まったんさ。」

と、本当のまた本当のことをいった。

「そうか、じゃ政治犯だね。」

先生はそういったきりで、また向こうをむいてほかの先生らとなにか話ししはじめた。

すると、今までみんなの中にははいっていたが、黙ってほかのもののおしゃべりを聞いていた、一方の手の少し変な四十ばかりの男が僕のそばへやってきた。

「あなたもメーデーでやられたんですか。僕もやはりそうでコンバで捕まったんですけれど、あなたはどこででした。」

その男は見すぼらしい労働者風をしていたが、言葉は丁寧だった。コンバといえば、C・G・T・U本部のすぐそばの広場だ。そしてそこにはル・リベルテールの連中の無政府主義者がうんと集まっていたはずだ。で、僕はこれはいい仲間を見つけたと思って、そこの様子を聞こうと思った。

「僕はサン・ドニでやられたんだが、コンバの方はどうでした？」

「そりゃ、ずいぶん盛んでしたよ。演説なんぞはいい加減にして、すぐ僕らが先登になってそとへ駈け出しましてね。電車を二、三台ぶち毀《こわ》して、とうとうその交通をとめてしまいましたよ。」

この男もやはり無政府主義者で、もとは機械工だったんだが戦争で手を負傷して、今はなにやかやの使い歩きをして食っているのだった。そして、去年もやはりコンバでだいぶあばれたんだそうだが、そのときには一人も捕まらずに済んで、彼も無事に家に帰った。が、ことしは警察がばかに厳重で、あばれかたは去年と大差はなかったのだが、百人近く捕まったのだそうだ。

「ことしは警察もだいぶ乱暴だったが、裁判所も厳重にやるって、弁護士がいってましたよ。あなたの方は、それじゃ、追放だけで済むんでしょうが、僕はまあ半年ぐらい食いそうですね。」

こんな話しをしている間に、みんなは法廷に引きだされたのであった。そして僕が仮監へ帰ってくると、まもなくその男も帰ってきた。

「あなたもすぐ出れますね。僕も今晩出ますよ。やっぱり六カ月食うには食ったんですが。でも、この名誉のてんぼのおかげで、弁護士がしきりにそれを力説しましてね、おかげで二カ年間の執行猶予になりましたよ。」

彼は嬉しそうにしかし皮肉に笑いながらはいってきて、僕の手を握った。そして、まもなくまたみんなは仮監から出されて、馬車で監獄へ送られた。

7

翌二十四日の朝、巡査に送られて裁判所の留置場へ行った。

「グラン・サロン(大客室《だいきやくま》)へ!」

といわれたので、どんなサロンかと思って巡査について行くと、前にいた留置場のそばの、やはりそこと同じような鉄の扉をがちゃがちゃと開けて押しこまれた。

なるほど大広間には違いない。椅子をならべて演説会場にしても、五百や六百の人間はらくにはいれそうな広さだ。昔は、この裁判所は、そのそばの警視庁などといっしょに、なんとか王の宮殿だったのだそうだから、その頃のなにかの大広間なのだろう。床はたたきになっているが、そこに大理石の大きな円柱が三、四本立っていて、天井なんぞもずいぶん立派なものだ。はいって見ると、あっちにもこっちにも、五、六人ないし七、八人ずつかたまって、なにかおしゃべりしている。僕はその一団の、少し気のきいた風をした若い連中のところへ近づいて行った。

みんなはフランス語で話しているが、その調子にどこか外国人らしいところがある。顔もフランス人とは少し違う。

「君も追放ですね。」

その中の背の高いイタリア人らしいのが、僕の顔を見るとすぐ問いかけた。

「ああ、そうですか、僕らもみんな追放なんです、まあ、一服どうです？」

そしてその男は煙草のケースをさし出しながらこういった。

いろいろ話しはしてみたが、別にどうという悪いことはした様子もない。が、とにかくちょっと牢にはいって、いま追放されるのだというんだから、いずれ旅券か身元証明書の上のなにかの不備からなのだろう。そしてその色男らしい風采や処作から推すと、どうも「マクロ」らしく思われた。マクロというのは、淫売に食わしてもらっている男のことだ。

が、その男らはだれ一人として、イタリアやスペインやポルトガルなぞの、自分の国へ帰ろうというものはない。また、そのほかのどこかの国へ行こうというものもない。みな、このままフランスに、しかもパリに、とどまっているつもりらしい。

「追放になっても、国境から出なくっていいんですか。」

僕は、みんなあんまり呑気至極に構えているので、不思議に思って尋ねた。

「ええ、追放になって、出て行くような奴はまあありませんね。今から上へ呼ばれて行って追放命令をもらって、それでもういいからって放免されるんでしょう。あとは、どこへ行こうと、どこにいようと、勝手でさあね。」

その男は、彼らを不審がっている僕をかえって不審がるようにして、答えた。そして彼らの中の二人までも、これで二度目の追放なのだと付け加えていった。

僕はまた、追放といえば、いつかロシア人のコズロフのとき〔一九二二年〕に見たように、一週間とか幾日とかの日限を切って、その間、多少の尾行をつけて厳重に警戒するのだろうと思っていた。ところが、なんのこった。ただ一枚の書きつけをもらって、さあ勝手に出て行け、と突っぱなされるのなら、実際幾度食ったってなんのこともないと思って安心していた。

やがてその男らは呼ばれて、上へ行った。そして順々に、今からどことかの監獄に送られるのだといういろんな奴が呼ばれて行ったが、僕は最後まで残された。

ついに僕の番がきた。が、僕は上へは連れて行かれずに、最初きたときに持ちものを調べられてそれを預けてきた、入口の小さな室に入れられた。そしてそこには、さっきの外国人どもが、もうその所持品をもらって出かけようとしているところだった。

「上の方は済みましたか。」

色男のイタリア人が尋ねた。

「いや、まだです。」

「それじゃ、君は追放じゃないんです。すぐ自由になるんですよ。」

色男らはそういって出て行った。僕は、それを信ずることもできなかったが、しかし僕だけこうして残されるのはどうしたわけだろうかと、こんどは少々不安になった。

*

そしてはたして僕はそのまま放免はされずに、所持品を受け取るとすぐ、また一人の巡査に連れられて警視庁へ行った。そしてしばらく、またはじめのときと同じような身体検査やなにかでひまどって、昼ごろになってようやく官房主事のところへ行って、そこで内務大臣からの即刻追放の命令を受けた。

本当の即刻なのだ。今からすぐ、尾行を一人連れて、出て行けというんだ。

「とにかくすぐフランスの国境から出ればいいのだが、都合で東の方の国境へは出ることを許さない。すると西の方だが、それだとスペインへ行くほかない。それでどうだ?」

どうだもへちまもあるものじゃない。行くほかはない方へ行くよりしかたはないのだ。が、スペインなら結構だ。ぜひ一度は行きたいと思っていた国だ。

「結構です。しかし、スペインへ行くにしても、もちろん日本の官憲の旅行免状がいるんでしょう。それはどうするんです。」

「それはこっちで大使館とかけ合ってもらってやる。それじゃ向こうで待っているがいい。」

ということになって、僕は前にもお馴染の外事課の広い室に連れて行かれた。

*

百人近くの私服どもがそれぞれ机に向かって、みな同じような紙きれを袋から出したり入れたりして調べている。その袋の表にはなんのだれという人の名前が書いてある。きっとそれがみんな日本でいえば要視察人とか要注意人とかいう危険人物なのだ。一つの袋の中には幾枚もの紙きれが、どうかすると一〇枚も二〇枚もの紙きれが、はいっているようだ。

みんなは、その室の真ん中に腰かけさせられている僕をときどきじろりじろりと見つめながら、その紙きれを調べている。やはり、日本のそうした奴らと同じように、ろくな目つきの奴は一人もいない。みなラ・サンテの監獄で見た泥棒や詐偽と同じような、あるいはそれ以上の面構えをしている。

が、もう正午だ。みなぞろぞろと昼飯を食いに出かけはじめる。僕はすぐそばにいた男に、俺の昼飯はどうしてくれるんだ、と尋ねた。その男は主任らしい男のそばへ立って行った。そして帰ってきて、なんでも欲しいものを言え、とってきてやると答えた。それじゃ、といって、僕は例の贅沢をならべ立てて、それから極上の白葡萄酒を一本と注文した。

四、五人は代わる代わるに残っていたが、二時ごろにはみんなまた帰って仕事をはじめた。大使館へ行った使いの私服はまだ帰ってこない。僕は幾度も官房主事のところへ使いをやったがいっこう要領を得ない。

待ちくたびれもし、退屈でもあり、始終ぎょろぎょろといろんな奴らに見つめられているのも癪にさわるので、僕はろくに飲めもしない葡萄酒を絶えずちびりちびりとラッパでやっていた。

四時ごろになって、ようやく官房主事からの迎いがきた。そしてその室へ行って少し話しているところへ、背の高い大男の、長い少しぼんやりした顔の日本人が一人、先に大使館へ使いに行った男といっしょにはいってきた。かつて名だけは聞いていた大使館一等書記官の杉村なんとか太郎君だ。

杉村君はちょっと官房主事と挨拶したあとで、僕と話ししたいのだが許してもらえようかと尋ねた。主事は僕らのために別室の戸を開けた。

「今ここからの使いではじめて追放ということを知って駈けつけてきたんですが、僕もできるだけはあなたの便宜のためにここと交渉してみようと思うんです。」

杉村君はこういって、なんとか取りなしてみたいということを詳しく話した。大使館は日本の政府から僕にいっさいの旅券を出すことを禁ぜられたのだ。したがってスペイン行きの旅券も出すことはできない。で、僕については大使館で責任を持つことにして、もう数カ月間、追放を延ばしてもらおうというのだ。

杉村君はそのことをすこぶる鄭重な言葉で主事に嘆願するようにいった。が、主事はいったん出た命令はどうしても取り消すことができないとがんばった。

で、杉村君はもう一度大使館へ行って相談してくるといって帰った。

＊

僕は主事に、大使館で旅券をくれなければ、よし僕がいまフランスの国境を出たところで、スペインの官憲がその国内に僕を入れるかどうかと尋ねた。

「さあ、それはよその国のことだから、僕には分からない。」

「それじゃ、もしスペインで僕を入れなければ、僕はどうなるんだろう。」

「僕の知っているのはただ、君がそれでまたフランスの国境内にはいってくれば、すぐつかまえて牢に入れるということだけだね。」

僕は主事のこの返事を聞いて、昔、語学校時代に、フランス人の教師が話して聞かしたちょっとおもしろい話を思い出した。それは、泥棒が国境近くでつかまえられそうになると、向こうの国境内へ逃げて行って、そこから赤んべいをしたり舌を出したりして、どうともすることのできない巡査を地団太ふましてからかうというのだ。そして僕は、

「そうなると僕は、スペインの牢にはいるか、フランスの牢にはいるか、それともスペインとフランスとの国境にまたがっていて、スペインの巡査がきたらその方の足を引っこまし、フランスの巡査がきたらその方の足を引っこまして、幾日でもそうしたまま立ち続けるようなこ

とになるんだね。」

と笑ってやった。が、主事は、

「まあそんなものさね。」

ときまじめに済ましていた。

＊

僕はまた二、三時間もとの室で待たされた。そしてはたして杉村君がまたやってきたのかどうか分からなかったが、たぶんそのとりなしのせいだろうと思う、また主事室へ呼び出されて、これからすぐマルセイユへ出発しろと命ぜられた。

「だれにも会うことはできない。すぐ私服といっしょに停車場へ行って、第一の汽車で出発するのだ。」

＊

ガール・ド・リヨンの停車場へ自動車で着いたのは、ちょうど八時幾分かの急行の出る少し前だった。

私服は汽車の出るのを見送って引っ返したようだった。

マルセイユの警察へは僕の出発と到着との時刻を電報してあるからというのと、なまじっか立ち寄ってまた迷惑をかけてもと思って、リヨンには寄らずに、翌朝マルセイユに着いた。が、マルセイユでは、別に制服も私服も迎いに出ているような様子はなかった。

僕は宿をとるとすぐ、領事館へ行った。領事の菅《すが》君はまだ新任早々で、一週間ばかり前までは杉村君のもとに働いていたのだった。

菅君はマルセイユの警察へ行って、第一の船で出帆するという命令のその「第一」というのを日本船のと念を押してき、また郵船の支店へ行って旅券なしで切符を買える談判をしてきて、ちょうどそれから一週間目に出る箱根丸で日本へ帰る都合をつけてくれた。

僕はその間にうちへも電報を打ち、パリやリヨンの友人らにも電報や手紙を出して、その日までにたてる準備をした。そして僕がなんの心置きもなく安心してその準備に取りかかれたのは、僕の友人や同志がだれ一人僕の巻き添えとしての迷惑をたいして受けていなかったことだ。

＊

即刻追放というんで、パリではあんなに厳重だったのだから、ここでもたぶん警戒がうるさかろうと思っていた。そして、そのうるささを多少でも避けるつもりで、ことに選んで一番いいホテルに泊まった。

が、一日い、二日いして、いろいろと注意して見ているのだが、なんの警戒もあるらしい様子がない。ホテルででも取り扱いになんの変わりもない。そとへぶらぶらと出ても、別にだれもつけてくる様子はなく、帰ってもどこへ行ってきたともだれも尋ねない。

領事がそれとなく警察で聞いてみたのだそうだが、実際、停車場へはだれも僕を迎いには出なかったとのことだ。もっとも、ちょうどその汽車の中で大きな泥棒があって、そのためにだいぶごたごたしてはいたそうだが、それが僕を迎いに出なかった理由になろうとも思われない。そして到着早々、僕は警察に出頭しなければならないはずなのだそうだが、それもわざわざ領事が行っていろいろと話ししてきたのだから、このうえ出頭するにもおよぶまいという領事の話だった。

こうなると、僕は裁判所下のグラン・サロンでの、色男らの話を思い出さないわけにはいかなかった。特別にだいぶ厳重だった僕の追放が、人なみのいい加減なものになったのだ。そういえば、いつかル・リベルテール社へきた、ハンガリーの同志なども、追放になったとはいうものの、僕がその近所にいた四、五日はまだ呑気にぶらぶらしていた。また、弁護士も、判決のあったあとで、「それじゃまた……」とかなんとか呑気なことをいって、出て行ってしまった。

これが普通なのだとなれば、なにも「即刻」なぞという言葉を真に受けて、あわてて出て行くこともない。いったんは、もう帰されたっていい、とも思い、またそう思ったので演説なんぞをやってもみたのだが、こうなるとまた未練が出てくる。

「うちからか、パリからか、どっちかから金の来《き》しだい、一つ逃げ出してやろうか。そしてこんどは、まったくの不合法《イルレガル》で、勝手に飛びまわってやろうか。パリへも帰ろう。ドイツへも行こう。イタリアへも行こう。そのほか、行けるだけ行ってみよう。」

僕はこう考えて、一晩ゆっくりとその計画に耽った。といっても、別に面倒なことはない。かつてもそれを考えて、その方法をいろいろときめたことまでもあるのだ。要するに、少々の金さえあれば、らくに行けることなのだ。

僕はほとんどそうきめて、それからは毎日、半日か一日がかりのちょっとした遠出を試みて、警戒のあるなしをさらに確かめようとした。

警戒は確かにない。そして僕はマルセイユのある同志を訪ねて、そっとその相談をした。方法は確かにある。

これなら、金のつきしだいだと思っているところへ、僕がまだ捕まらない前にうちからよこした手紙が、ある方法で僕の手にはいった。それで見ると、どうしても急に帰らなければならないような、いろんな事情だ。で、しかたがない、おとなしく帰ろう、と残念ながらまたきめなおした。

＊

いよいよ船の出る前々日、次のような借用証一枚に代えて、横浜までの二等切符を一枚、領事から受け取った。

借用証

一金五千何法也
右正に借用候也

月　日　　　大杉栄

菅領事殿

そしてその翌日、うちから、三等の切符代とすれすれぐらいの金がきた。で、それで大急ぎで女房や子供らへの土産物を買って、船に乗りこんだ。

いよいよ船に乗りこむときには、ちょっと警察へ挨拶に行く方がよかろう、という領事の話しだったので、まずさしつかえのない荷物だけを持って夕方、警察へ出かけた。船はあしたの朝出るのだから、それまでにあとの荷物は友人に持ってきてもらうことにした。そしてとにかく警察へ行って、それから船へちょっと行って室だの寝台だのの番号を確かめて、さらにまた引き帰してもう一晩、友人らとお別れの遊びをしよう、というつもりだったのだ。

警察では、パリの警視庁からきた長文の電報を前に置いて、いろいろと取り調べのあった末に、私服を一人つけて、船へいっしょにやらした。

僕は船の中でのいろんなことがきまると、友人らといっしょに飯を食う約束のうちへ行こうと思って、船から降りようとした。すると、さっき僕についてきた私服が、ほかに三人ばかりの私服といっしょに昇降口の梯子のところに突っ立っていて、通さない。

「もう船に乗った以上は、降りることはできない。国境から出てしまったんだ。降りれば、再びまた国境にはいったものとして、六カ月の禁錮に処する。」

そんな馬鹿なことがあるもんか、それならそうとなぜさっきそういわないんだ、といろいろに抗弁してみたが、要するになんともしかたがない。
僕は船のボーイに電話をかけさせて、友人らにそのことを知らせて、そして自分の室の中に寝ころんだ。

*

船は六月三日の朝早く碇をあげた。

外遊雑話

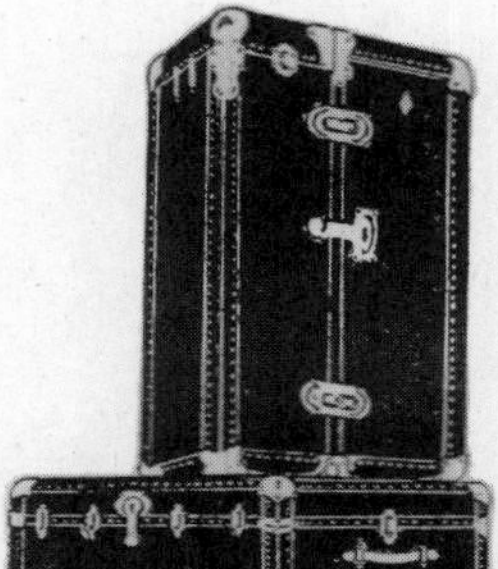

1

いつも旅をするときには、行きは大名帰りは乞食、というのがおきまりなのだが、こんどは例外でそのあべこべに行った。帰りはマルセイユの領事館で二等の切符を買ってもらった。それもうまく行けばほんとうのお大名の一等のをもらえるはずだったが、パリの大使館でだれかがもっとも千万の三等説を持ち出したので、その間をとって二等ときまったのだそうだ。が、行きは、ちゃんと身分相応ふところ相応の三等で行った。

もっともフランスの船の三等というのは、ちょうど郵船の特別三等みたいなもので、二人部屋と四人部屋とあるのだが、僕はその二人部屋にはいった。相客はシナの若い学生だった。

シナの学生は、そのほかに、女二人と男が八人ばかりいた。そしてそれらの人たちと僕とが食堂では同じ一つのテーブルについた。みんな少々英語を話す。日本語も一人二人はちょっと話せた。が、どうしたものか、僕はそれらの人たちとはあまり仲よしになれなかった。そして僕は、同じ三等のそれらのシナ人や、その他の人びととは離れて、たいがい四等のデッキ・パセンジアの仲間にはいっていた。

この四等には、最初、上海から乗ったシナの労働者二、三〇名と、フランスの水兵一〇名ばかりとのほかに、一五、六名のロシア人がいた。そして僕がさっそく仲間になったのは、このフランスの水兵の中の一人と、ロシア人の中の若い学生一〇人ばかりとだった。

フランスの水兵は、揚子江上りの砲艦に乗っていたのだが、満期になって国へ帰るのだった。始終いっしょになって、なにかの鼻歌を歌いながら、デッキの上を散歩していた。その中に一人、いつもみんなとは別になって、どこかの隅に坐って本を読んでいる、まだごく若い利口そうな顔つきをした男がいた。

僕はまずその男とすぐ知り合いになった。フランス語の会話のけいこにと思って、ボンジュル・ムッシュ(こんにちは)とかなんとか話しかけたのがもとだった。

僕は年は二十八、社会学専攻の一学生、労働問題研究のためのフランス留学、という触れこみだった。したがって、その水兵との話は、お互いの身分や行く先の問答のあとで、すぐフランスの労働運動のことにはいった。

彼自身がなんらかの運動に加わっていたのでもなし、また特別に研究したというほどでもないので、その話しから得るところといってはなにもなかった。が、この男の、兵役や戦争に対する峻烈な攻撃は、その身分がらずいぶんおもしろく聞いた。

「ヨーロッパの大戦だって、もう半年か一年続いて見たまえ。フランスなんぞはすぐ滅茶苦茶につぶれてしまったんだ。××

2

××××××××××××××××××××××××この水兵の話やまたその後フランスへ行ってからのいろんな人たちの話で、そのずいぶん範囲の広かったことや大げさだったことに驚いた。

そのために殺されたものもかなり多い。また牢にはいって今までそこにいるものもだいぶある。そしてまた、今でもまだ逃げまわって、日蔭者《ひかげもの》でいるものも少なくはない。

そして戦争中のこれらのいわゆる犯罪人や、またその後の反動政治の犠牲らのための大赦運動が、前々からもまた僕が行っている間にも、盛んに行われていた。しばしば示威運動もあった。メーデーの要求の中にもそれが大きな一個条になっていた。

政府は幾度か大赦の約束をした。が、それはいつもただ約束だけのことだった。

水兵のジャン君が話した、いわゆる Mutins《ミユテン》 de《ド》 la《ラ》 Mer《メエル》 Noire《ノワル》（黒海の謀叛人）の首領、共産党のなんとかという男〔アンドレ・マルチ〕は、まだ牢にはいっていたが、僕がフランスを出る数日前に、パリ近郊の下院代議士補欠選挙の候補者として、未曾有の投票数で当選した。反対諸党は合同して一人の候補者を出すはずであったのだが、この謀叛人側の前景気がばかにいいのに恐れをなしてまったくひっこんでしまったので、本当の一人天下で当選したのだ。そしてこの選挙にもう一つのおもしろい現象は、棄権者が全有権者の半分以上もあったことだ。近郊といえばたいがいは労働者町なのだ。フランスの労働者は、少なくともパリ近郊の労働者は、半分は謀叛人にくみし、残りの半分はまったく政治に興味を持たないのだ。

この「謀叛人」はまた、それとほとんど同時に、やはりパリ近郊のある町から、市会議員としても選挙された。

が、はたして彼が、かくして労働者の望み通り代議士または市会議員となって釈放されたか、あるいはまた、政府の望み通り当選無効となってまだやはり牢屋にいるか。その後のことは知らない。

しかし、兵役を攻撃したり、戦争に反対したり、またこんな謀叛人の話を得意になってするからといって、ジャン君は決して共産主義者でもなければ、またその他の何々主義の危険人物でもなんでもない。

「君も一種の社会主義者だね。」

なにかの話のときに僕がこういって冷やかしたら、

「そうだ、社会主義者だ。」

と立派に肯定しておいて、そして彼自身のいわゆる社会主義なるものを説明して聞かした。それによると、要するに彼は、資本家と労働者とのいわゆる利益分配で十分満足しているようなのだ。

ヨーロッパで社会主義者《ソシャリスト》だといっている人間は、まあたいがいそんなものと見ていい。昔僕は、ドイツの社会党首領べーベルなぞは、大隈〔重信〕の少し毛のはえたくらいのものだろうといったことがあるが、今ではもっともっと社会主義者の値うちは下落している。共産主義者だってだんだん下落してきている。

そしてジャン君は、ひまさえあれば、シェークスピア全集の英文の安本を字引を引き引き、読み耽っていた。そしてまたときどき、一尺もの高さの手紙やハガキの束を引きずり出して、一人でにこにこしながら読んでいた。そのいいなずけだという、同郷ブルターニュのある百姓娘からよこした文がらなのだ。そして彼はこのいいなずけといっしょに、もとの平和な百姓の生活にはいるべく毎日日数を数えていた。

3

このジャン君と一、二度話ししている間に、もうその友だちになっていた、若いロシア人の連中とも話しあうようになった。みんな少々ずつ英語を話せたのだ。

そのロシア人らは二十歳前後から二十五、六歳ぐらいまでの青年で、みなハルピンからきたのだった。そしてその年かさのものは、みな兵隊に出て、まずドイツやオーストリアの軍隊と戦い、さらにボルシェヴィキの赤衛軍と戦って、ヨーロッパ・ロシアからシベリアに、シベリアからハルピンに逃げてきて、今はあるいはドイツに、あるいはフランスにそのもとの学業を続けに行くのだった。

僕はこのロシア人らとすぐに一番いい友だちになった。そして僕は、彼らのことをペチカ（ピヨトルをピヨちゃんというようなものだ）とか、ミンカ（ミハエル）だとか呼び、彼らもまた僕のことをマサチカ（彼らの間では僕は日本人として正一《まさいち》という変名でいた）と呼んでいた。

みな元気で快活で、よくしゃべり、よくお茶を飲み、よく歌を歌い、よくふざけ、よく踊り騒いだ。そんなのはこのロシア人の連中だけだったのだ。

僕も毎日そのお仲間入りをしていたが、しかし僕が一番興味を持ったのは、彼らの中の四、五人、ことにペチカやミンカがよく話しだすロシアの内乱の話だった。そしてまたことに、彼らがヨーロッパ・ロシアやシベリアのいたるところの反革命軍に加わっていながら、帝政復興とか反革命とかの思想や感情を少しも持っていないことだった。

「じゃ、なんで、反革命軍なんかにはいったんだ?」

と聞くと、要するに彼らは、農民に対するボルシェヴィキの暴虐に憤って、農民らといっしょに武器をとって立っただけのことなのだ。

ボルシェヴィキが食料の強制徴発にくる。農民がそれに応じない。すると、その労働者と農民との政府は、すぐに懲罰隊を繰り出す。全村が焼き払われる。男はみな殺される。女子供までも鞭うたれる。そして最後の麦粉までも、また次の種蒔きの用意にとっておいた種子までも持って行かれる。山や森の奥深く逃げこんだ農民らは、いわゆる草賊となって、ボルシェヴィキに対する復讐の容赦のないパルチザンとなる。

彼らはこの絶望的の農民といっしょになったのだ。そして、やはりまたその農民らといっしょに、帝政復興とか反革命とかの考えは少しもなしに、ただボルシェヴィキに対する復讐と自己防衛とのために、そのボルシェヴィキと戦う唯一の力だと思われた反革命軍に加わったのだ。

これもその後フランスへ行ってから詳しく知ったことだが、こうしてロシアの反革命軍は、いたるところで農民のパルチザンを併せて、ボルシェヴィキと戦った。そしてその反革命の野心を見やぶった他の農民のパルチザンとも戦った。そしてまたこの最後のパルチザンは、それと同時に、ボルシェヴィキの赤衛軍とも戦っていたのだ。そしてさらにまた、この赤衛軍の中には、まったく強制的に、そのわずかばかりの財産とともに、からだまでも徴発されていった農民がずいぶんあったのだ。

こうしたまったく混線の内乱の中で、いわゆる革命のために、ロシアの農民は何百万とかの生命を失ったといわれている。しかもその内乱は、ほとんどみな復讐と復讐との重なりあいの、聞いただけでも身の毛のよだつような容赦のない残忍の、猛獣と猛獣との果たし合いだったのだ。

4

この若いロシア人のほかに、まだ七、八人の、多少年輩のロシア人やポーランド人やチェコ人やユダヤ人がいた。細君や子供のあるものはそれを三等に乗せて、男どもだけが四等にいた。その連中のなかに、細君一人だけ三等に置いて、もう二十歳ばかりの息子といっしょにいた六十歳ぐらいの老ロシア人があった。品もなにもない本当の百姓面に、両方のを合わせると一尺あまりになる胡麻塩の太い口髯だけ厳めしそうに延ばして、汚い背広のぼろ服の胸に青だの赤だのの略章の勲章を七、八つならべていた。細君も汚い風の、やはり品もなにもない顔の、お婆さんだった。そしてその息子は、だいぶ低能らしく、いつも口をぽかんと開いていた。

この三人はいつも三等のデッキで籐椅子の上に横になっていたが、ある日、お爺さんが僕の前へきて「こんにちは」と日本語で挨拶して、あとはなんだか分からないロシア語でぺちゃくちゃとやった。が、しきりに胸の勲章を指さしてはなにか言っているようなので、よく注意して聞くと、ヤ・ヘロ、ヤ・ヘロという言葉がときどき繰りかえされる。ヤは俺で、ヘロは英雄だ。僕もしかたなしに、ダ・ダ・ヴィ・ヘロ（そうです、あなたは英雄です）とやってやった。それからなおよく聞いてみると、ゲネラル（将官）で、日露戦争にも出たといって、たぶんそのときにもらった勲章なのだろう、胸の略章の一つを指さして見せた。

あとでペチカに聞くと、実際ヘロはヘロで、一兵卒から将官にまでなって、豪勇無雙《ごうゆうむそう》なのだという。が、ペチカの連中はだれもこのヘロのことなぞは相手にしていなかった。

相手にしないといえば、ユダヤ人に対するしかたなぞはずいぶんひどかった。

ある日、ポーランド人の若いピアニストがなにかのことからシナの労働者を怒鳴りつけて、シナ人なんかは人間じゃないんだ、奴らにはどんなことをしたっていいんだ、と傲語しているところへ、ペチカらがきた。そしてペチカらはこのピアニストに食ってかかって、シナ人だって人間だ、われわれロシア人やポーランド人と同じ人間だ、といって、その半日を両方真っ赤になってこの議論で暮らした。

そのペチカらが、ユダヤ人だというと、まるで見むきもしないのだ。そして僕がときどきそのユダヤ人らと話ししているのを見ると、その日一日は僕に対してまでも不機嫌な脹れ面をしているのだ。

僕はこのペチカからのある者の紹介で、一等にいた一人のロシア人の女とも知り合いになった。この女はモスクワ大学の史学科を出て、パリにも留学したことがあり、だいぶ進歩した自由思想の持ち主で、いつも僕といっしょに上陸してはできるだけ遠く田舎へドライヴして、土人の生活を見るのを楽しみにしていた。そしてマダムはそれら土人の生活を心から愛していたようだった。

しかるにこのマダムが、アフリカのジブチに上陸していろいろと買いものをしようとしたとき、もう夕方でたいがいの店はしまっていて、ただユダヤ人の店だけ開いているのを見て、とうとうそこの名物のそしてマダムがしきりに欲しがっていた駝鳥の羽もなんにも買わずに船へ帰ってしまった。最後の一軒の店なぞでは、ここはそうらしくなさそうだからといいながらはいって行ったのだが、主人らしい男の少しとんがった鼻先を見るやいなや、青くなって、慄えるようにしてそこを飛び出した。そしてこんな汚らわしいところには一時も居れないというような風で、少々呆気にとられている僕の手をとって、大急ぎで帰った。

5

フランスの船は、海防《ハイフォン》とか西貢《サイゴン》とかの、仏領交趾《コーチ》シナ〔現、ベトナム南部〕の港に寄る。そして、そこからまた、満期になったフランスの下士官どもや兵隊が多勢乗った。

ただの兵隊はみんな飲んだくれで、どうにもこうにもしようのないような人間ばかりだった。前に言った水兵どもは、みんな若くて、多少の規律もあり、薄ぼんやりした顔つきはしていたが、人間らしさは十分にあった。が、この兵隊どもになると、もういい加減の年恰好で、豚のようにブウブウ唸りながらごろごろしている奴か、あるいは猛獣のような奴か、とにかく人間というよりはむしろ畜生どもばかりだった。

その中で一人、それでも一番人のよさそうな男だったが、いつもふらふらした足つきで僕らのそばへやってきて、ろれつのまわらない舌つきでなにか話しかける男があった。

「俺《おら》あこういうもんなんだ。」

といいながら、その差し出す軍隊手帳を見ると、読み書きはできる、ラッパ手、上等兵とあって、その履歴には、ほとんど植民地ばかりに、あすこに二年ここに三年というように、十八年間勤めあげたことが麗々しく書きならべてある。懲罰の項にはなんにも書いてない。が、褒賞の方にはなにかいろいろとあった。そして今は病気のために除隊するのだとある。

「それでもこれっぽちの金しかもらわないんでさあ。」

彼はそういいながら、破れた財布の中から一〇フランの札を四、五枚ぱらぱらとふって見せて、

「アハハハ。」

と笑った。それが不平なのだか、嬉しいのだかすらも、ちょっとは分からないほどに。

が、この飲んだくれの兵隊どもはまだいいとしても、がまんのできないのは三等に乗りこんだ下士官どもだった。そいつらは、まったく熊か猪かの、猛獣のような奴ばかりだった。そしてそいつらの女房どもまでが、ろくでもない面をして。

「あれはこいつらがやったんだな。」

僕はそいつらの顔を見るとすぐ、その日陸《おか》で読んだある新聞の記事を思い出した。安南《アンナン》の土人がやっているフランス文の日刊新聞の中に、大きな見出しで、ある殺人事件を論

じてあった。事件はごく簡単なもので、土人の一商人が川の中に溺れ死んでいた、というだけのことだ。が、それがただそれだけで済まないのは、そうしたことがずいぶん頻々とあって、しかもその原因がいつもちっとも分からない、いや分かってはいるがそれをはっきりと公言することができない、そこに妙な事情がからんでいるからだ。

「ええ、あいつらはなにをするか知れたもんじゃない。恩給と植民地の無頼漢生活とをあてに、十年十五年と期限を切って、わざわざこんな植民地へやってくる。本当の職業的軍人なんだからね。」

フランスの水兵のジャン君もすぐと僕の直覚に同意した。そして僕は、デッキででも食堂ででもいつも傍若無人にふるまっているそいつらとは、とうとうしまいまで、ただの一度も「おはよう」の挨拶を交わしたことがなかった。

その後僕はフランスに着いてから、あちこちの壁に、この植民地行きを募集する陸軍省の大きな広告のびらを見た。三年間はいくら、五年間はいくら、十年間はいくら、十五年間はいくら、というようにだんだんその率のあがっていく、給料や恩給の金額も、ことさらに大きく太い文字で書きならべてあった。

6

たぶん香港からだったろう、一人の安南人《アンナン》らしい、白い口髯や細いあご髯を長く垂らして品のいいお爺さんが乗った。

僕はこのお爺さんと一度話ししてみようと思っていたが、とうとうその機会がなくって、西貢《サイゴン》かで降りてしまった。海防《ハイフォン》から乗った若い安南《アンナン》の学生に聞くと、もとの王族の一人で、今も陸軍大臣とかなんとかの空職に坐っているのだそうだ。ロシアの旧将軍が三等で威張っているのは、ちょいと滑稽だったが、これはなんだか傷ましいような気がした。

それでもこのお爺さんは、温厚らしいうちにも、どこかしらに侵すことのできない威厳をもっていた。が、一般の安南人《アンナン》となると、見るのもいやなくらいに、みな卑劣と屈辱とでかたまっているように見えた。そしてこれは、安南人《アンナン》が他の東洋諸民族にくらべて顔も風俗も一番われわれ日本人によく似ているようなのでなおさらいやだった。

海防《ハイフォン》や西貢《サイゴン》の町を歩いてみても、安南《アンナン》人はみな乞食のような生活をして小さくなっている。ちょっとした店でもはって、多少人間らしくしているのは、シナ人かあるいはインド人だ。そして、フランス人はみな王侯のような態度でいる。

西貢《サイゴン》で、マダムNといっしょに田舎へ行って、路《みち》ばたのある小学校を見た。バラックのような四方開けっぱなしの建物を二つにしきって、三〇人ばかりずつの子供がそこでなにか教わっていた。僕らがはいって行くと、生徒はいっせいにたちあがって腰をかがめ、先生は急いで教壇から降りてきて丁寧すぎるほどにお辞儀した。それだけで僕はもう少々いやな気がした。

先生はマダムNの質問に答えて、生徒には絶対に漢字を教えないで、一種のローマ字で書きあらわした安南《アンナン》語を教えているということを、非常な得意で話した。もちろん、それは悪いことじゃない。大いにいいことだろう。が、フランスの植民政府がそうさせる意味と、この先生がそれを得意になる意味とには僕らの同意することのできないあるものがあるのだ。

安南《アンナン》人の子供らは、こうして教育されていって、だんだんにフランス語を覚えて、その中の見こみのありそうなものはフランスへ留学させられる。そして帰ると、学校の先生かあるいはなにかの小役人にさせられる。僕が前に言った若い安南《アンナン》人というのも、やはり以前フランスに留学して、帰ってしばらく役人もやって、今また再度の留学をするのだった。

僕はシナで、外国人のところに使われているシナ人が、その同国人にいやに威張るのを見た。それと同じことを、この若い安南《アンナン》人はそうでもなかったが、やはり安南《アンナン》でもあちこちで見た。ことに安南《アンナン》人の兵隊や巡査なぞはなおさらにそれがひどかった。

が、このフランス留学には、それと違った妙な意味合いからもある。安南《アンナン》人といっても、そうそう卑劣と屈辱とにかたまっているものばかりじゃない。いろんな人間が出てくる。そしてフランスの官憲は、彼らに多少の言論の自由を許さなければならないまでに、余儀なくされている。しかし、その人間どもの中で、少し硬骨でそして衆望のあるのが出ると、すぐにそれをパリへ留学させる。そして毎月幾分の金をやってどこかのホテルの一室に一生を幽閉同様にしておく。

その一人に、パリでそっと会うはずにしていたが、やはりいろんな面倒があって、とうとうそれを果たすことができなかった。

7

英領やオランダ領の、マレー、ジャワ、スマトラなどの土人も、みな安南《アンナン》人と同じように乞食のような生活をしている人間ばかりのように見えた。シンガポールでも店らしい店を出しているのはみなシナ人かインド人かだった。土人はほんの土百姓かあるいは苦力《クーリー》かだ。

そのシナ人やインド人やはみな泥棒みたいな商人ばかりでいやだったが、道で働いている労働者のシナ人やインド人は土人と同じような実に見すぼらしいものだった。ことにインド人が、あの真っ黒なちょっと恐《こわ》そうな目つきをしていながら、そばへ寄ってみると実に柔和そうないい顔をしているのには、なおさらに心をひかれた。このシナ人やインド人や土人の苦力《クーリー》どもは、まるで犬か馬かのように、その痩せ細った裸のからだを棒でぶたれたり靴で蹴られたりしながら、働いているのだ。

これは、帰りの船の中でスマトラからきた人に聞いた話だが、ときどきこの主人どもに対する土人らの恐ろしい復讐がある。土人の部落の中にだけで秘密にしてある、ある毒矢で暗《やみ》うちを食わす。椰子やゴムの深い林の中から、不意に、鉄砲だまが自動車の中に飛んでくる。虎だの犀だのの被害のほかに、こんな被害も珍しくはない。

が、そうした個人的の復讐ばかりじゃない。スマトラの土人の中には、すでに賃金労働者として目覚めた労働者の大きな労働組合すらもある。そしてその中の鉄道従業員組合が、ちょうど僕らがそこを通る少し前の五月から六月にかけて、一カ月あまりの総同盟罷工をやった。

オランダの官憲は、急に法律を改正して、いっさいの集合はその一週間前に届け出ろと命じて、ほとんど労働者の集合を不可能にしたうえに、さらに主なる首領らを一網打尽的に拘禁した。そして警察力のほかに兵力までも動かしてそしてようやくのことでそれを鎮定した。

この土人の組合は職業的にも組織されているが、また宗教的にも組織されて、ことに回々教《ふいふい》徒は最も強固に団結している。そしてそこには、賃金奴隷からの解放のほかに、民族的や宗教的の独立という意味までも加わって、なおさらにその熱烈の度を高めている。

土地の新聞のいうところでは、そこにはまだいわゆるボルシェヴィキの煽動や影響はないが、広い意味での社会主義的思想は十分にはいっている。もしそれが、さらにインドやシナの同じ教徒らと結んで、英領やオランダ領の各地でことを挙げるようなことがあったら、それこそたいへんだ、そうだ。

先に僕は香港の港を眺めながらの、シナの学生らの愛国的憤慨の言葉も聞いた。また、それらの学生の、安南《アンナン》をフランスから取り返さなければ、という気焔も聞いた。そしてあるときなぞは、フランスの下士官どもが、船の中へはいりこんできたシナ人の泥棒（?）を血だらけになるほどなぐったり蹴ったりしたのを見て、みんなキャビンにはいりこんだまま飯も食わずに憤慨しているのも見た。しかしまた同時に、彼らが同じシナ人の苦力《クーリー》の車夫を、ちょっとした賃金の問題から多勢でいきなりなぐったり蹴ったりするのも見た。そして彼らに対する同情がまったく失せてしまった。

救いはこんな愛国者からはこない。

8

コロンボ近くなった頃だと思う。無線電信で、ルール地方占領とフランスの共産党首領カシエンらの捕縛とが伝えられた。

戦前のドイツ対フランスと、戦後のドイツ対フランスとは、少なくともその軍備においてまったく正反対になっているはずだ。ドイツの軍隊はほとんどまったく破壊されてしまった。そしてフランスは、その生産力の恢復よりも、軍備の充実により多くの力を注いだ。とてももう相撲にはならない。したがってドイツが急にこの挑戦に応じようとは考えられなかったが、軍国主義と反動主義とのお塊《かたま》りのようになっているフランスが、その勢いに乗じてどんな無茶をやらんものでもないということは、十分に考えられた。そして僕は、そこから起こる結果についての、ある大きな期待をもってフランスにはいった。

が、フランスは、マルセイユでもリヨンでもパリでも、実に平穏なものだった。今にも戦争がはじまりそうだとか、こんどこそはとかいうような気配は、少なくとも民衆の生活の中にはどこにも見えない。みんななんのこともないように呑気に暮らしている。

僕は、大戦争およびその後も引き続いて盛んに煽りたてられた狂信的愛国心が、まだ多分に民衆の中に残っていると思った。が、そんな火の気は、王党の機関紙『ラクション・フランセーズ』を先登とする三、四の新聞でぶすぶすとえぶっているくらいのもので、どこにも見えない。

この『ラクション・フランセーズ』ですら、フランスで一番保守的でそして一番宗教的な大都会のリヨンで、しかも郊外とはいいながら寺院区《カルティエデグリズ》とまでいわれているある丘の上で、僕は六軒も七軒もの新聞屋を歩きまわってとうとうその一枚も見出すことができなかった。

「ええ、戦争中にはずいぶん売れたもんですけれどもね。この頃はもうさっぱりですよ。で、売れないものを置いてもしかたがないもんですから……。」

新聞屋の婆さんはどこへ行ってもみな同じようなことをいった。

そして、こうして歩きまわっている間に、これはその他のどこででもそうなのだが、片っぽうの手がないとか義足で跛をひいているとかいう不具者の、五人や六人や、九人や一〇人には会わないことはない。もちろんみな大戦の犠牲なのだ。こういうのを始終目の前に見せつけられながら、今さら戦争でもあるまい、とも思った。

しからば、このルール占領や戦争に反対している共産党やC・G・T・Uの方はどうかというに、要するにただ、新聞や集会でのえらそうな宣言や雄弁だけにすぎない。ときどきの示威運動もあるが、いっこうにふるわない。占領をやめることはもとより、占領軍の横暴を少しでも軽くすることにすら、なんの役にも立っていない。

兵隊自身も、一九二一年に二カ年の約束で召集されて、ことしの三月には満期になるはずのが、一カ月二カ月と延びて、さらにいつどこへどう送られるようになるかも知れないのに、これという反対運動一つどこの兵営にも起こらない。共産党の『リュマニテ』なぞは、毎日それについてなにか書きたてているのだが、たいした反響も見えない。もっとも、この際、官憲に乗ぜらるようなことがあってはいけないから、みんなできるだけおとなしく反抗しろと戒めてはいたが。

そしてこの兵隊さんらは、日曜ごとに、女の大きなお臀を抱えながら、道々キスしいしいぶらぶらと市中を歩いている。

天下泰平だ。

9

僕がフランスに着いてからの主な仕事の一つは、毎朝、パリから出るほとんど全部の新聞に目を通すことだった。

『リュマニテ』には、僕が着く早々、北部地方の炭坑労働者の大同盟罷工が報ぜられていた。そしてその罷工の勢いが日ましにはなはだしくなっていって実際七、八万の坑夫がそれに加わったようだった。しかるに、多くの資本家新聞には、毎日ほんの数行その記事があるくらいで、しかも毎日坑《あな》にはいって行く労働者の数がふえていくように書いてある。罷工者の数もたいがいは何百とか、せいぜい何千とかあった。

その後パリで八千人ばかりのミディネット（裁縫女工）の罷工があったときにも、資本家新聞を読んでいるだけでは、まるで分からない。きのうもきょうも、幾百人ずつの女工の幾組もが、あちこちの工場へ誘い出しの示威運動に行って、いたるところで警官隊と衝突しているのに、新聞ではほんの数行、しかももうとうにその罷工が済んだように書いてある。そして新聞ではもう幾度もみんなそれぞれの工場に帰っているはずの間に、C・G・T・U事務所の罷工本部では、それら数千の女工連が笑いさざめき歌いどよめいていた。

こうした新聞の態度を、労働者はその運動の上に使うサボタジュという言葉で言いあらわしている。資本家新聞は、あらゆる労働運動の上に、実によくサボる。

が、それは当然のことで、なんの不思議もあるわけではない。それよりも、そら罷工だ、そらなんとかだ、といってちょっとしたことでも騒ぎたてる日本の資本家新聞の方が、よっぽどおかしいくらいだ。

しかし、同盟罷工そのものをサボる労働者が、労働団体が、あるのには少々驚かされた。それもかつてはその革命的なことをもって世界に鳴っていたC・G・Tがだ。石炭坑夫の罷工のときには、このC・G・Tの首領らが、目下の独仏の危機に際して石炭業の萎縮を謀るのは敵国のためにするものだ、というようなことを言いまわって、坑夫らをなだめていた。

僕は日本に帰るとすぐ、最近本所の車輛工の同盟罷工で、友愛会の労働総同盟がそれに似た罷工破りをやった話を聞いて、どこもかもよく悪いことばかりが似るものだと感心した。

共産党やC・G・T・Uがなにかやれば、社会党やC・G・Tがサボる。そしてその共産党がまた、無政府党のやることとなるといちいちにサボる。

僕がメーデーに捕まったときには、『リュマニテ』では一段あまりの記事を書いた。が、その翌日、僕が日本の無政府主義者と分かって以来は、裁判のことも追放のこともついに一字も書かない。まったくの黙殺だ。そして王党の『ラクション・フランセーズ』なんかになると、最初から最後まで、「例の殺人教唆の無政府主義者」うんぬんで押し通していた。

サボタジュにも、「安かろう悪かろう」の意味の消極的のものもあれば、「生産妨害」の意味の積極的のものもある。

最近の『東京朝日新聞』に、そのパリ特派員の某君の記事の中に、王党の一首領を暗殺したジェルメン・ベルトンのことを「例の政治狂の少女」と書いてあった。それくらいならまだいい。彼女は、フランスの資本家新聞では「淫売」であり、「ドイツに買われた売国奴」であり、また「警察の犬」でもある。

そしてフランス無政府主義同盟の機関『ル・リベルテール』は、ほとんど毎週、彼女の弁護のために発売禁止され、その署名人と筆者とはラ・サンテにほうりこまれている。

10

パリに着いた晩、夕飯を食いに、宿からそとへ出て見て驚いた。その辺はまるで浅草なのだ。しかも日本の浅草よりも、もっともっと下劣な浅草なのだ。貧民窟で、淫売窟で、そしてドンチャンドンチャンの見世物窟だ。軒なみに汚いレストランとキャフェとホテルとがあって、人道には小舎がけの見世物と玉転がしや鉄砲やの屋台店が立ちならんでいる。そしてそれが五町も六町も七町も八町も続いているのだ。

黒ん坊の野蛮人が戦争している看板があげてあって、その下に、からだじゅうを真っ黒に塗った男や女や子供が真っ裸といってもいいような恰好をして、キイキイキャアキャア呼びながら槍だの刀だのを振りまわして見せている。その隣りは、「生きた人蜘蛛」という題で、顔だけが人間であとは蜘蛛の大きな絵看板がかかげてある。そしてその次には、玉転がし、文《ぶん》まわし、鉄砲、くじ引き、瓶釣り、その他あらゆるあてものの店がならんでいる。普通にものを買える店は一つもないのだ。そしてさらにまたその次には、ぐるぐるまわる大きな台の上に、玩弄品《おもちゃ》の自動車だの馬車だの馬だの獅子だのを乗せて、騒々しい楽隊の音といっしょにまわらしている。そして、いい年をした大人がそれに乗っかって喜んでいる。下が小さな船の形をしたブランコがあって、そこへ若い男と女とが乗って、その船がひっくり返りそうになるまで振っている。大きな輪のまわりに籠がいくつもぶらさがっていて、そこへ一人一人乗って、輪が全速力でぐるぐるまわる。前の籠と後の籠とがぶつかり合う。みんなキャッキャッと声をあげて喜んでいる。往来に人を立たしておいてパッと写真をとる大道写真師もいる。

そしてこの連中がみな、一団ずつ、電車の小さな箱くらいの車をそばに置いて、その中に世帯《しょたい》を持っている。この車でフランスじゅうを、あるいはヨーロッパじゅうを歩きまわっているのだ。

僕は前に浅草といったが、それよりもむしろ九段の祭りという方が適当かも知れない。もっとも僕はもう十年あまりも、あるいはそれ以上にも九段の祭りは知らないのだが。

そこへうじょうじょと、日本人よりも顔も風も汚ないような人間が、ちょっと歩けないほどに寄ってくる。実際、僕はヨーロッパへきたというよりもむしろ、どこかの野蛮国へ行ったような気がした。

そしてその後、日本の浅草よりももっとずっと上等の遊び場へ行って、そこの立派な踊り場やキャフェの中にも、やはりこの玉転がしや文まわしがあるのにはさらに驚いた。

そしてさらにその後、リヨンで、町の人たちがよく遊びに行くリイル・バルブへ行った。翻訳すれば羊の鬚島だが、リヨンの町の真ん中を通っているソーヌ河の少し上《かみ》の、ちょっと向島というようなところだ。が、そこには白鬚様があるのでもなし、ただ小さな島いっぱいに、パリの貧民窟のと同じドンチャンドンチャンがあるだけの話だ。

それから、このリヨンの停車場前の広場がなにかで大にぎやかだというので、ある晩行ってみるとやはり同じドンチャンドンチャンと、玉転がしと文まわしと鉄砲とだ。そしてそこをやはりパリのと同じように、五フランか一〇フランかの安淫売がぞろぞろとぶらついている。

フランス人の趣味というものはこんなに下劣なものだろうか。

〔未完〕

同志諸君へ

労運社〔労働運動社〕の同人と幾人かのごく親しい同志とのほかにはほとんどだれにも知らせないで、ちょうど自由連合主義と中央集権主義との争いがはじまったばかりの忙しいさなかに、突然姿をかくして半年あまりも音沙汰をしなかった罪を、まず許してくれ。

今となってはほとんどもう言いわけをする必要もなくなったが、とにかくことが非常に急だったのだ。そしてほとんど絶対的に秘密を保たれなければならなかったのだ。

〔未完〕

大杉栄 略年譜

一八八五年（明治18） 一月十七日 父・大杉東（丸亀連隊少尉）、母・豊の長男として香川県丸亀町に生まれる。まもなく父の転任により、東京に移住。本籍は愛知県。

一八八九年（明治22） 父の異動で新潟県新発田本村（現、新発田市）に移転。ここで北蒲原中学校（現、新発田高校）二年修了。

一八九九年（明治32） 名古屋陸軍幼年学校へ入学。三年のとき、同級生と格闘して重傷、退学処分を受ける。

一九〇二年（明治35） 上京し、東京学院に通学。母急逝。順天中学校五年に編入学。足尾鉱毒問題で学生の示威運動を見て、社会問題に関心を持つ。

一九〇三年（明治36） 東京外国語学校（現、東京外国語大学）に入学。

一九〇四年（明治37） 平民社の社会主義研究会に毎週通う。夏休みに名古屋での活動を『平民新聞』に報告、同紙発行を手伝う。

一九〇五年（明治38） 外国語学校選科仏語学科を卒業。「年上の女」と同棲。

一九〇六年（明治39） 日本社会党に加盟。電車賃値上げ反対のデモに参加し、入獄。保釈後、堀保子と結婚。エスペラント語学校を設立、講師となる。『家庭雑誌』を発行。「新兵諸君に与ふ」を『光』に訳載し、起訴される（新聞紙条例違反）。

一九〇七年（明治40） 「青年に訴ふ」の筆禍で、巣鴨監獄に入獄（計五カ月半）。

一九〇八年（明治41） 屋上演説事件で巣鴨に入獄（一カ月半）。出獄まもなく赤旗を振ってのデモ（赤旗事件）で千葉監獄に入獄（二年半）。

一九〇九年（明治42）父死去。翌年十一月、出獄。売文社に参加。

一九一一年（明治44）大逆事件刑死者の遺体引き取り。毎月の同志茶話会に出席。

一九一二年（大正元）十月、荒畑寒村と月刊誌『近代思想』を創刊、同志の連絡を図る。

一九一三年（大正2）『近代思想』小集で文士らと交流。同志集会・サンジカリズム研究会を開始。

一九一四年（大正3）『近代思想』を止め、月刊『平民新聞』を発刊するが、第四号を除きすべて発禁となる。

一九一五年（大正4）研究会を「平民講演会」に発展。『近代思想』を復刊するが初号を除き発禁となる。フランス語講習会を開講。著作家協会発起人となる。

一九一六年（大正5）『近代思想』を廃刊。堀保子と別居、伊藤野枝と同棲を始める。十一月、葉山・日蔭茶屋で神近市子に刺され、この事件で社会的非難をあびる。

一九一七年（大正6）同志からも孤立し、野枝と貧乏のどん底生活。長女・魔子誕生（のちに四女一男の父）。

一九一八年（大正7）『文明批評』を創刊して再起し、労働運動研究会を始める。和田久太郎・久板卯之助と『労働新聞』を発行するが、発禁続き。大阪で米騒動を視察、部分的に加担する。

一九一九年（大正8）同志集会を「北風会」と合同、労働運動の活動家に影響を与える。他の演説会を乗っ取る「演説会もらい」闘争を盛んに行う。第一次『労働運動』を発刊。印刷工組合など労働運動の支援、学生集会で懇談。尾行巡査殴打事件により、豊多摩監獄に入獄（三カ月）。

一九二〇年（大正9）　関西の活動家集会を歴訪。日本社会主義同盟の発起人になる。上海へ密航。コミンテルンの極東社会主義会議に出席。

一九二一年（大正10）　第二次（週刊）『労働運動』にボル（共産主義）派を加え、共同戦線を張る。肺患の重病で聖路加病院に入院。ボルとの共同を止め、第三次『労働運動』を発刊。新聞印刷工などの争議を支援。

一九二二年（大正11）　八幡で演説会、大阪で活動家集会。日本労働組合総連合の創立大会に出席。国際無政府主義大会出席のため日本を脱出、上海で中国同志と会合。

一九二三年（大正12）　フランスに入国。パリ郊外サン・ドニのメーデー集会で演説、逮捕され、ラ・サンテ監獄に収監。国外追放となり七月帰国。九月十六日、野枝、甥の橘宗一とともに東京憲兵隊に拘引、虐殺される。

（大杉豊編）

主要著書

【評論】『生の闘争』、『社会的個人主義』、『労働運動の哲学』、『クロポトキン研究』、『正義を求める心』、『二人の革命家』（伊藤野枝共著）、『無政府主義者の見たロシア革命』、『自由の先駆』。

【随筆・記録・創作】『獄中記』、『乞食の名誉』、『悪戯』、『漫文漫画』、『日本脱出記』、『自叙伝』。

【翻訳】ダーウィン『種の起原』、ル・ボン『物質不滅論』、ルソー『懺悔録』（生田長江共訳）、ルトゥルノ『男女関係の進化』、ロマン・ロラン『民衆芸術論』、クロポトキン『相互扶助論』、同『革命家の思出』、ハード・ムーア『人間の正体』、ファーブル『昆虫記一』、同『自然科学の話』（安成四郎共訳）、同『科学の不思議』（伊藤野枝共訳）。

解説

大杉豊

『日本脱出記』は大杉栄の絶筆である。「脱出」の直前まで「自叙伝」を執筆していた。それはまだ、外国語学校通学中の、幸徳秋水らの日露非戦論に共鳴、社会主義運動に身を投じようとする頃までしか進んでいない。書き継がれれば、「日本脱出記」は、その一節になるはずで、脱稿して約一カ月後に非業の死を遂げることを思えば、最終章に相当する。

外語を卒業してから、この最期まで十八年間。目指したのは、アナキズム（無政府主義）とサンジカリズムを結合させ、社会運動を通じて、「旧い日本を根本的に変革して、新しい日本を建設する」ことであった。本書では、その思想にほとんど触れていないが、不屈果敢、自由闊達にして活力に満ちた行動が躍如として、人物を知るには最適の書であろう。

大杉が厳重な監視をくぐって日本を脱出したのは、一九二三年、ベルリンで開かれる国際無政府主義大会に出席するためだが、その三年前、上海における極東社会主義会議の内実も語って、二度にわたる国際連帯の活動を報じるドキュメントでもある。

最初の上海行は、コミンテルンの会議だが、国内では各派連合しての社会主義同盟が成立する時期であり、大杉は「無政府主義者と共産主義者との提携の可能を信じ、またその必要をも感じて」、国際的な運動でも連携を探ろうとしたのである。かつて在留中国人同志にエスペラント語を教え、社会主義講習会で講じ、またアジア連邦などを目指した各国同志の亜洲和親会に参加したように、国際的な連帯を重視する熱意の表れであった。

帰国後もアナ（アナキスト）とボル（共産主義者）との共同戦線を試みるが、意図とは逆に相対することになる。その成り行きを、憤懣を込めて記している。やがて「アナ・ボル論争」となり、二二年、日本労働組合総連合の成立を阻んでしまう。

二度目の脱出は、両陣営の対立が頂点に達した最中であった。今度は、アナキストだけの国際同盟をつくろうとする大会である。大杉としては、各国の情勢をとらえ、大会を通じて同志との連絡をつけることが使命だが、ほかにロシア革命の過程で、民衆による真の社会革命に導こうとした「マフノ運動」の実相を知ることも重要であった。パリの滞在は気楽そうに書いているが、ほとんどこの問題の調査に集中していた。しかし、大会は延期、ドイツ入りも果たせず、ついにはメーデーでの演説、そして入獄、追放であった。

帰国後、彼は大会が開催されたものとして、あるいは開かれる準備として、国内での活動を開始する。それはアナキストあるいは自由連合派の組織を結成して、運動を前進させようとするものであった。連日連夜のように労働組合の集会に出かけ、同志結束の会合も開いて奮闘した。

そのさなか、関東大震災に遭遇。そして、どさくさの中での凶行——甘粕正彦ら東京憲兵隊による大杉と妻・伊藤野枝、六歳の甥・橘宗一の虐殺であった。半世紀の後に「死因鑑定書」が発見され、大杉と野枝は、肋骨などがめちゃめちゃに折れ、死ぬ前に蹴る、踏みつけるなどの暴行を受けた事実が明らかになった。

本書のうち、「日本脱出記　ヨーロッパまで」「入獄から追放まで」はこの年、雑誌『改造』七月号と九月号に、「パリの便所」「牢屋の歌」は『東京日日新聞』(現『毎日新聞』六月二十一～二十四日、七月十三、十四日)に掲載された。「外遊雑話」は単行本のために執筆中で、一部は死後、彼の机の中から発見された。「同志諸君へ」も同じく机中にあった遺稿である。同志とともに発行する『労働運動』に掲載するためのもので、ほんの書きだしだけだが、本書に収録することとした。

表紙……1920年12月10日、社会主義同盟創立大会の後、検束される大杉（アルス版『大杉栄全集』より）

巻末……フランス追放状（アルス版『日本脱出記』より）

解説者略歴

大杉　豊〈おおすぎ・ゆたか〉 1939年、横浜市生まれ。

大杉栄が殺された当日に訪ねた弟が父であり、そこで生まれた。

東京都立大学社会学科卒業。東京放送（TBS）入社、調査・営業・編成部門を経て定年退職。東放学園専門学校・常磐大学国際学部講師。編著書に『日録・大杉栄伝』（社会評論社）。

大杉栄

日本脱出記《にっぽん だっしゅつ き》

大杉豊 解説

豊田卓 装丁組版

2023 年 12 月 17 日　初版第 1 刷印刷
2023 年 12 月 25 日　初版第 1 刷発行

土曜社
東京都江東区東雲 1-1-16-911

［関 連 書］
『獄中記』『自叙伝』
『大杉栄追想』『大杉栄書簡集』『伊藤野枝の手紙』
My Escapes from Japan（『日本脱出記』）

...ÈRE DE L'INTERIEUR

...IRECTION
Sûreté générale

2e BUREAU

...fice des Étrangers

EXPULSION

RÉPUBLIQUE FRANÇAISE

COPIE

LE MINISTRE DE L'INTÉRIEUR.

Vu l'article 7 de la loi des 13, 21 novembre et 3 décembre 1849, ainsi conçu :

« Le Ministre de l'Intérieur pourra, par mesure de police, enjoindre à tout étranger voyageant ou résidant en France de sortir immédiatement du territoire français et le faire conduire à la frontière. »

Vu l'article 8 de la même loi, ainsi conçu :

« Tout étranger qui se serait soustrait à l'exécution des mesures énoncées dans l'article précédent, ou qui, après être sorti de France par suite de ces mesures, y serait rentré sans permission du Gouvernement, sera traduit devant les tribunaux, et condamné à un emprisonnement d'un mois à six mois.

» Après l'expiration de sa peine, il sera reconduit à la frontière. »

Vu les renseignements recueillis sur le nommé Obiegi ... né le 4 Janvier 1887 ... Japon ... japonais ...

Considérant que la présence sur le territoire de la République, de l'étranger susdésigné est de nature à compromettre la sûreté publique ;

Sur la proposition du Préfet du Rhône

ARRÊTE :

ARTICLE PREMIER.

Il est enjoint au nommé Obiegi ...

de sortir du territoire français.

ART. 2.

Le Préfet de Police est chargé de l'exécution du présent arrêté.

Fait à Paris, le vingt ... mars 1923

Signé : ...

POUR AMPLIATION :

Pour le Directeur de la Sûreté Générale :

LE CHEF DU 2e BUREAU

Signé : ...

Signé :

Pour copie certifiée conforme
LE DIRECTEUR DU CABINET

Commissaire de Police

COMMISSARIAT DE POLICE ...

Notifié ... le vingt ... 1923